MBTI 유형별 보고서 작성법

상사의 마음을 사로잡는

MBTI 유형별 보고서 작성법

INTP ISFJ ENFP INTJ ESTJ

도영태 지음

비전코리아

나의 MBTI 유형은 'ENTP'이다.

아이디어뱅크형 발명가, 변화와 도전을 즐기는 유형으로 새로운 방식으로 나만의 논리를 펼쳐나간다. 나는 누구보다 빠르게 트렌드와 핵심을 잡아내고, 신선한 아이디어를 구조화하는 데 자신이 있다.

이런 성향은 지금 내가 몸담은 자기 계발과 직무 분야 강의에 잘 어울리며, 보고서 작성에도 고스란히 묻어난다. 내가 보고서를 매우 유연하게 잘 쓰는 것도, 지금껏 많은 수강생들에게 보고서 작성법을 강의하는 것도 모두 이런 성향 덕분이라고 생각한다.

보고서 작성 강의를 할수록 절감하는 부분이 있다. 아무리 잘 쓴 보고서라도 보고를 받는 상대방의 입맛에 맞지 않으면 그 보고서가 좀처럼 통과되지 않는다는 것이다. 한마디로 보고서는 상대방의 유형을 잘 파악하고 그에 맞춰 잘 써야 하는데, MBTI는 그 유형을 파악해 맞춤형 보고서를 쓸 수 있는 정말 좋은 도구임에 틀림없다.

과거에 내가 대기업에서 직장 생활을 했을 때도 그랬다. 이상하게도 내가 쓴 보고서가 어떤 상사에게는 거침없이 관철되는가 하면, 어떤 상사에게는 번번이 퇴짜를 맞았다. 보고서의 완성도와 무관하게 결과가 갈렸던 것이다. 한번은 이런 적이 있었다. 최신 사례를 바탕으로 혁신적인 구성을 담아낸 보고서를 들고 뿌듯한 마음에 보고를 했는데, 담당 부장은 차갑게 한마디

했다.

"각각의 근거가 부족하니 관련 데이터를 삽입해서 다시 가져와."

지금 되돌아보니 그 부장은 ISTJ였다. 꼼꼼하고 체계적이며 데이터에 목숨을 거는 유형…….

그 앞에서 내 아이디어는 헛되게 부풀어 오른 풍선에 불과했다. 나는 근거 자료를 하나하나 붙여 넣으며 밤새 몇 번이고 보고서를 다시 고쳐야 했다. 힘들었지만 그 과정을 통해 깨달았다. 보고서는 단순히 내가 쓰고 싶은 방식대로 쓰는 것이 아니라 상대방이 원하는 방식대로 써야 한다는 사실을…….

그런데 새로 부임한 부장과는 기가 막히게 호흡이 맞았다. 내가 기획한 교육 프로그램 아이디어 제안서가 그대로 채택됐다. 그에게 "좋아. 바로 실행해봐"라는 한마디를 들었을 때 느낀 짜릿함이 아직도 잊히지 않는다. 보고서는 단순히 문서가 아니라 상사와 나를 연결해주는 가장 강력한 소통 수단임을 그때 실감했다.

이 책은 바로 이런 경험에서 출발했다. MBTI를 단순한 성격 진단 도구가 아니라 실무 보고서 작성의 나침반으로 삼아보자는 발상이 책 쓰기를 부추겼다. 즉, MBTI를 통해 나를 알고, 상사의 성향을 이해하고, 그 성향에 맞게 메시지를 조율해 보고서를 쓴다면 보고서의 통과율은 분명 달라질 것이라 확신했다. 더 나아가 MBTI 유형에 맞는 보고서를 작성함으로써 나 자신과 상사의 상호작용이 원활해지고 인간관계마저 개선되는 효과를 기대할 수 있을 것이라는 생각이 들었다.

그야말로 MBTI를 잘 알면, 보고서 작성이 쉬워질 것 같았다.

MBTI는 이미 한국 사회, 특히 MZ세대에게 뜨거운 관심과 사랑을 받고 있다. 술자리나 모임에서 MBTI 이야기가 빠지지 않고, 성격 맞히기 놀이는 하나의 문화가 되었다. 하지만 MBTI를 직장인의 가장 큰 고민 중 하나인 보고서 작성에 응용한 사례는 찾아보기 힘들다.

나는 MBTI 전문 과정을 이수하고 수년간 보고서 작성법을 강의한 경험을 쌓아왔다. 이 책을 통해 나는 MBTI와 보고서 작성의 상관관계를 설명하고, 이를 바탕으로 16가지 MBTI 유형별 보고서 작성의 특성과 솔루션을 제시했다. 예를 들어, ENFP 유형의 상사에게는 스토리텔링과 감성적 요소를 가미한 창의적 콘텐츠로 승부하고 ISTJ 유형의 상사에게는 데이터 기반의 논리적인 기술을 강조해야 함을 피력했다. 아울러 각 장마다 유형별 장점과 한계, 그리고 실무에 꼭 맞는 해야 할 것(Do)과 하지 말아야 할 것(Don't)을 강조했다. 각 유형에 딱 맞는 보고서 예제를 삽입하여 MBTI도 알고, 보고서 작성법도 배우는 일거양득(一擧兩得) 효과를 도모했다. 보고서 작성의 전 과정에 이르는 핵심 노하우를 제공하는 데도 만전을 기했다.

무엇보다 이 책의 가장 큰 특장점은 독자가 자신에게 특화된 MBTI 보고서 작성 성향을 파악하는 동시에 상사의 성향까지 고려해 진정한 '커스터마이징', 즉 '맞춤형 보고서'를 쓸 수 있도록 유도했다는 점이다.

더불어 이 책은 MZ세대를 중요한 독자로 상정했다. 오늘날 조직은 다양한 세대가 공존하는 무대다. 기성세대 상사는 전통적이고 꼼꼼한 보고서를 원하지만 MZ세대 직원은 직관적이고 감각적인 표현을 선호하는 경향이 있다. 이 책을 통해 이러한 세대간 간극을 좁히고 서로 통할 수 있는 보고서를 작성해 조화와 균형을 추구하고자 했다.

책의 활용법은 간단하다. 지금 여러분이 작성하는 보고서를 떠올려보

자. 그리고 상사가 어떤 MBTI 유형인지 파악한 뒤, 이 책의 조언을 참고해 보고서의 콘셉트부터 제목, 전체적인 틀과 내용에 이르기까지 크고 작은 변화를 시도해보자.

단언컨대 이 책은 여러분이 더 이상 '상황 파악도 못 하고 쓴 보고서'라는 말에 속상해하지 않아도 되게 만들어줄 것이다.

보고서 작성은 조직에서 벌어지는 가장 흥미로운 '심리 게임'이다. 누군가에게는 단숨에 통과하는 한 페이지가, 또 다른 누군가에게는 밤을 새워도 맞추기 힘든 어려운 퍼즐처럼 보인다. 그 퍼즐의 열쇠는 바로 MBTI다.

MBTI와 연계된 보고서 작성의 해결사가 되어줄 이 책으로 인해 여러분의 보고서 작성 능력이 향상되어 조직에서 선한 영향력을 발휘하고 보다 의미있는 직장 생활의 길이 열리길 바란다.

책을 준비하면서 함께 고민하고 고생한 분들이 많다. 무엇보다 나의 부족한 보고서에 대해 끊임없이 현장에서 코칭해준 이전 직장의 상사와 선배들께 감사드린다. 소중한 샘플과 피드백을 공유해준 강의 대상자 분들에게도 심심한 고마움을 전한다. 책을 쓸 때마다 응원해주는 나의 가족들, 언제나 책의 완성도를 높여주시는 출판사 편집자에게도 깊은 감사의 말씀을 전한다.

2025년 겨울의 문턱에서
저자 도 영 태

차례

프롤로그 　　　　　　　　　　　　　　　　　　　　　　　　　　　　004

1장 왜 MBTI와 보고서 작성인가요?

MBTI를 알면 출근이 즐겁고 퇴근이 빨라진다 　　　　　　　　　　014
같은 보고서도 유형에 따라 피드백이 다르다 　　　　　　　　　　017
4번이나 상사가 바뀌어도 자리를 지킬 수 있었던 비결 　　　　　　024
참고자료 MBTI 유형별 일반적 특성 　　　　　　　　　　　　　　027
나는 어떤 유형의 보고서 작성자인가? 　　　　　　　　　　　　　042
참고자료 MBTI 유형별 일반 성향 & 보고서 작성 스타일 　　　　　045

2장 팀장님은 T형이야! 알고나 쓰는 거니?

- **E** 에너자이저 부장님, 어쩌면 좋아요? … 048
- **I** 소심한 상사를 일깨워야 해요 … 054
- **S** 디테일의 신 강림하셨네 … 060
- **N** 왠지 상상의 나래가 펼쳐져요 … 067
- **F** 무엇보다 감정 표현이 중요해요! … 072
- **T** 때로는 논리적으로, 때로는 쪼잔하게 … 079
- **P** 정성껏 썼는데 제멋대로 변경을! … 086
- **J** 미리 정해놓은 '답정남'이었군요 … 093

3장 나는 당신이 원하는 보고서를 씁니다

- **참고자료** 보고서 작성 시 MBTI 유형별 특징 … 100
- **ISTJ** 차분하고 꼼꼼한 보고서 작성자 - 디테일 장인 … 102
- **ISFJ** 배려와 신뢰의 보고서 작성자 - 공들임 보고서 대표 … 106
- **INFJ** 깊이 있고 분석적인 보고서 작성자 - 분석의 달인 … 110
- **INTJ** 논리적이고 구조적인 보고서 작성자 - 정석 추구자 … 114
- **ISTP** 간결하고 실용적인 보고서 작성자 - 요약 전문가 … 119
- **ISFP** 감각적이고 감성적인 보고서 작성자 - 보고서 상담사 … 123
- **INFP** 창의적이고 이상을 꿈꾸는 보고서 작성자 - 드림 빌더 … 128

INTP	개념적이고 분석적인 보고서 작성자 - 논리의 끝판왕	132
ESTP	즉각적이고 실용적인 보고서 작성자 - 보고서 행동대장	136
ESFP	직관적이고 유연한 보고서 작성자 - 전달의 달인	140
ENTP	열정적이고 변화무쌍한 보고서 작성자 - 변화무쌍 기획러	144
ENFP	창의적이고 자유로운 보고서 작성자 - 스토리 마법사	148
ESTJ	체계적이고 명확한 보고서 작성자 - 보고서 책임자	152
ESFJ	친화적이고 조화로운 보고서 작성자 - 소통 관리자	157
ENFJ	감성적이고 설득력 있는 보고서 작성자 - 공감 문서의 달인	163
ENTJ	목표 지향적이고 전략적인 보고서 작성자 - 전략 보고서 킬러	167

4장 최적의 케미는 글쓰기에 있어요

참고자료 글쓰기의 기본과 MBTI 선호지표 — 172

ES	쉽게 써라	173
TP	짧게 써라	175
NP	글을 과감하게 버려라	177
SJ	표준어를 써라	180
ST	표기법을 준수하라	183
TJ	잘 쓴 글을 벤치마킹하라	190

참고자료 문장 다듬기의 10가지 기법 — 196

5장 MBTI로 보고서 작성 달인되기

참고자료 MBTI를 통한 보고서 작성 달인되기 실천 방법	206
NT 창의와 논리를 결합하라	207
SJ 작성 단계를 준수하라	211
TJ 핵심을 먼저 전달하라	217
ST 신뢰할 수 있는 정보로 뒷받침하라	220
FJ 상대방의 입장에서 검토하라	225
보고서 작성 루틴을 실천하라	229

1장

왜 MBTI와 보고서 작성인가요?

MBTI를 알면
출근이 즐겁고 퇴근이 빨라진다

"아! 이게 아닌데……."

한 주 내내 야근하면서 쓴 보고서를 상사에게 단숨에 반려당했는데, 동료가 퇴근 직전 후다닥 만든 보고서가 한방에 통과되는 것을 보면 기분이 어떨까요? 직장 생활을 하다 보면 상사에게 보고서를 올리는 일은 특별할 것 없는 일상입니다. 그런데 누구는 쉽게 결재를 받고, 누구는 매번 퇴짜를 맞습니다. 전자는 직장 생활이 즐겁고 사기가 진작되며 승진도 따놓은 당상이지만, 후자는 자신감이 떨어지고 패배 의식마저 들며 출퇴근길이 지옥처럼 느껴질지도 모릅니다.

나름대로 보고서를 잘 썼다고 생각했는데 왜 이런 일이 벌어지는 걸까요? 보고서 내용의 질적 차이를 떠나 보고서를 보는 사람의 스타일이 결과에 결정적인 영향을 미치기 때문입니다. 한마디로 상사의 유형에 따라 보고서의 피드백이 달라지는 겁니다. 심지어 같은 내용의 보고서도 상사마다 반응이 천차만별입니다.

　보고서를 제출하고 나서 누구나 한 번쯤 상사에게 이런 말을 들어본 적 있을 겁니다.

"도대체 결론이 뭐야? 답부터 이야기해봐."
"왜 이렇게 주관적이야? 근거가 있나?"
"좀 더 구체적인 단계별 대응책을 제시해봐."
"좀 더 다양한 대안은 없어?"

　이런 상황에 어떻게 대응해야 할까요? 상사의 MBTI 성향을 알아야 합니다. MBTI는 성격 유형과 패턴을 진단하고 파악하는 유용한 도구입니다. MBTI를 구성하는 8가지 선호지표는 곧 일반적인 성향을 의미해요. 위에 예시한 보고서를 제출했을 때의 4가지 반응은 순서대로 E형, T형, J형, P형을 나타냅니다. 각각의 선호지표를 통해 이를 조합한 상사의 16가지 MBTI 패턴 유형을 분석한 뒤 이를 바탕으로 보고서를 작성하는 것이 보고서의 성공률을 높이는 핵심 전략입니다. 이는 곧 출근이 즐거워지고 직장 생활에 활기가 돌며 퇴근이 빨라지는 선순환을 만들어줍니다.

※ MBTI 선호지표별 특성

 외향(E: Extraversion)
에너지 방향 외부 세계
외부와의 상호작용
개방적, 역동적

 내향(I: Introversion)
에너지 방향 내부 세계
관심과 주의가 내부로 향함
개인적, 온화한, 신중한

 감각(S: Sensing)
오감을 통한 현실적 사고
구체적 사실이나 사건에 주의 집중
정확한, 확실한, 정보 수집

 직관(N: iNtuition)
직감을 통한 가능성 판단
관계나 패턴에 주의를 기울임
창조적, 아이디어, 큰 그림

 사고(T: Thinking)
객관적, 논리적
분석적 과정 선호
사고 중심, 공정한

 감정(F: Feeling)
주관적 가치에 중점
관계 조화와 인간적 요소
감정과 배려

 판단(J: Judging)
체계적, 규칙적
계획화된 생활양식
분석적인, 정돈된

 인식(P: Perceeiving)
개방적, 느긋함
상황에 따른 다양한 생활양식
자유로운, 유연한

같은 보고서도
유형에 따라 피드백이 다르다

가상의 회사 상황과 보고서를 제시해봅니다. 같은 보고서이지만 상사가 8가지 MBTI 선호지표 중 어떤 선호지표를 가졌느냐에 따라 반응은 달라집니다.

상황

총무팀 나대로 대리는 올해 창립기념일 행사를 주관하는 업무를 새로 부여 받았다. 오늘은 20××년 8월 25일. 창립기념일은 10월 1일이다.

작년까지 이 업무를 담당했던 김기회 과장은 개인 사정이라며 연월차를 쓰고 7월 18일 자리를 정리했다. 갑작스러운 퇴사였다. 총무팀장인 이승진 부장은 입사 20년 차로 2년째 임원 승진 대상에 올랐지만 올해도 임원 선임에서 탈락한 상태다. 1년 전 12명이던 총무팀은 현재 8명으로 줄었는데, 김기회 과장의 갑작스러운 퇴사 때문에 야근이 많아져 그 어느 때보다 팀 내 긴장감이 높은 상태다.

나대로 대리는 입사 5년차로 신입 시절부터 지난달까지 줄곧 임차 업무를 담당했다. 갑작스럽게 받은 행사 업무는 당연히 아주 생소했다. 작년 창립기념일에 주차 관리를 도운 것밖에 기억나지 않았다. 행사가 끝나고 팀 분위기가 1주일 이상 좋지 않았던 것도 어렴풋이 생각났다.

3년 전 박잘난 대표가 4명의 직원과 함께 시작한 회사는 단기간에 급성장했다. 창립 3년 만에 몇 가지 상품이 소위 대박나면서 직원 수 700명 규모의 회사로 성장한 것. 그러나 최근 1~2년 사이에 매출 정체와 함께 회사 규모가 축소되면서 현재 662명의 직원이 근무하고 있다.

부산과 창업자의 고향인 천안에 생산 공장이 하나씩 있다. 각각 250명, 130명의 생산 직원이 근무 중이다. 전국에 12개의 영업지점이 있는데, 제품의 특성상 냉동·냉장 창고가 설치되어 있다. 영업지점에 근무하는 인원은 180명 정도인데, 거래처가 늘어나면서 시간에 쫓겨 밥 먹을 시간조차 없다는 불만이 쏟아지고 있다. 천안에 있는 품질연구소와 마케팅 부서에는 각각 25명, 45명의 직원이 근무하고 있다. 창업자와 함께 회사를 시작한 강의리 전무이사가 본부장을 맡고 있는 관리본부에선 인사, 총무, 교육, 회계, 경영기획 등 5개 팀 32명이 근무하고 있다.

나대로 대리는 이같은 사실을 바탕으로 '회사 창립기념일 행사 계획' 최초 기안(품의)서를 만들어 이승진 부장에게 가지고 갔습니다.

기 안 서

제 목: 창립기념일 행사 시행(안)

작성자: 총무팀 나대로 대리

작성일: 20××. 8. 25.

*세부 사항

1. 행사일시: 20××년 10월 1일 10시~16시

2. 참가 대상: 전 직원

3. 행사 장소: 천안 종합운동장

4. 추정예산: 43,000,000원(1인당 64,955원)

    1) 기념품 – 20,000,000원(1인당 30,000원)

    2) 식 대 – 7,000,000원(1인당 10,000원)

    3) 기념 티셔츠 – 7,000,000원(1인당 10,000원)

    3) 교통비 – 5,000,000원(전년 수준)

    4) 기 타 – 2,000,000원(강사료, 시설 사용료 등)

    5) 예비비 – 2,000,000원

5. 식순: 10시~10시 30분 – 대표이사 격려사

        10시 30분~11시 – 축하 케이크 커팅(임원진 4명)

        11시~12시 30분 – 특강(직장인의 자세. 최반듯 강사)

        12시 30분~13시 30분 – 점심식사(도시락)

        13시 30분~15시 30분 – 본부대항 축구(준결승, 결승 2경기)

        15시 30분~16시 – 대표이사 폐회사

        16시 – 귀가

6. 기타 사항: 총무팀의 인력 부족으로 교육팀의 협조 필요

자! 이제 나 대리가 작성한 기안서에 대한 MBTI 선호지표별 피드백을 예상해봅시다. 편의상 선호지표별로 8명의 이승진 부장이 존재한다고 가정합시다. 위의 기안서에 대해 나 대리에게 피드백해준 내용은 다음과 같습니다.

※ MBTI 선호지표별 피드백

E형

- 나 대리! 도대체 이게 무슨 기안서야? 이거 너무 무리잖아. 지금 나 물 먹이려는 거야?
- 작년 행사 끝나고 전무님은 물론 다른 부서에서 우리를 얼마나 욕했는지 알아? 밑도 끝도 없는 통보식 기안서네. 대표이사께 불려가지 않은 게 다행인 줄 알아. 행사가 얼마나 힘든 건지 알고 이렇게 잡은 거야?
- 행사를 끝내고 내가 한 달이나 아파서 모임도 대부분 취소할 정도였어. 이제 연례행사가 되겠군. 에휴.

I형

- 기안서가 이렇게 엉성한 건 내 잘못이에요.
- 그만둔 김기회 과장을 붙잡아야 했어요.
- 곰곰이 생각해서 내용을 보완한 후 세부 내용부터 다시 작성해봐요.

S형

- 작년 행사 결과 보고서 읽어봤어요? 거기에 언급된 피드백 내용들은 참조한 겁니까?
- 작년에 날이 더워서 도시락 먹고 설사하는 사람들을 수습하느라 우리 팀 중 몇 명

은 집에도 못 들어갔어요. 어쩌자고 동일 금액으로 같은 업체의 도시락을 시키자는 겁니까?
- 행사장의 강단이나 마이크 시설도 다 체크한 겁니까?

N형
- 그날 비 오면 어떻게 하려고 그래요? 대안이 있습니까?
- 행사 안 하고 그 예산으로 회사 홍보용 동영상을 제작하는 게 나을 수도 있지 않을까요?
- 겨우 축구 경기나 하려고 매년 이 고생을 합니까?

T형
- 작년 행사가 문제되었던 이유가 무엇인지 분석해봤어요?
- 매년 천안에서 행사를 하면 서울 영업지점이나 부산 공장에서 그곳까지 와야 하는 사람들의 불만은 어떻게 할 겁니까?
- 행사의 목적과 취지를 기안서에 왜 표기하지 않았나요? 생각이나 해봤어요?

F형
- 이렇게 큰 행사를 처음 주관하니 얼마나 고생이 많아요?
- 작년에 문제가 많았지만, 그래도 직원들이 대체로 만족했어요.
- 아직 시간이 조금 남았으니 열심히 하자고요. 힘들면 행사 경험이 많은 교육팀 조팀장님에게 협조를 구해볼게요. 힘냅시다!

J형

- 대표이사 결재까지 받아야 하는데 지금 기안서를 올리면 언제 다 준비하려고 합니까? 작년에도 결국 준비가 미흡해 이런저런 문제투성이였잖아요. 안 그래요?
- 시일이나 인원이 부족하면 외부업체에라도 맡겨야 하는 거 아니에요?
- 앞으로 진행 상황을 매일매일 보고하세요. 매일 아침 9시 정각에 보고하세요!

P형

- 아직 시간적 여유가 있네요. 잘 준비해보세요.
- 작년에 10월 1일이 임시공휴일로 지정되면서 교통체증으로 행사가 40분이나 미뤄졌는데, 그래도 우리 팀원들이 유연하게 잘 대처했지요!
- 행사일이 추석 직전이니까 행사 기념품은 가족들이 좋아하는 것으로 생각해봅시다. 하하하!

같은 사람이 같은 기안서를 작성했는데, 보고를 받은 상사의 피드백은 천차만별입니다. 누가 맞고 누가 틀린 것도 아니에요. '십인십색(十人十色)'이라는 말처럼 상사 8명의 성향이 모두 다르기 때문에 이런 차이가 나타난 겁니다. 게다가 특정한 성향을 지녔더라도 늘 그 성향대로 생각하고 행동하는 것은 아닙니다. 시간, 공간, 장소, 분위기, 감정 상태, 심지어 조명이나 주위 소음, 음악 소리 등에 따라서도 각기 다른 말과 행동을 합니다. '열 길 물 속은 알아도 한 길 사람 속은 모른다'는 속담처럼 사람의 마음은 헤아리기 어렵습니다. 심지어 자기 자신도 모르겠다고 말할 정도이니까요.

그렇다면 자신의 성향대로 보고서를 작성하면 될까요? 그렇게 생각하면 큰 오산입니다. 성향은 '누가 맞거나 틀리다', '누가 옳거나 그르다'고 판단할 수 있는 게 아닙니다. 그냥 다른 것이지요. 보고서를 작성한다는 것은 의사결정권자인 나의 상사가 이해하고 동의해서 결재하도록 하는 것이 목적입니다. MBTI를 통해 상사의 성향을 파악하고 이를 바탕으로 보고서를 작성해야 하는 이유는 너무도 명확합니다. 이는 직장인의 현명한 처세라고도 할 수 있지요.

유형별로 다르게 나타나는 상사의 피드백으로 마음고생하지 않기 위해 미리 알아두어야 할 게 있습니다. 상사의 유형과 무관하게 보고서에 반드시 담겨 있어야 할 공통 사항이지요. 그래야 유형별로 각기 다른 지적을 쏟아내는 상사의 잔소리를 피할 수 있어요. 위 사례의 경우, 아래 내용에 대한 검토와 준비가 필요합니다.

1) 우천 시 대안 프로그램
2) 공장이나 연구소, 영업 조직에서 필연적으로 불참하는 인원 체크
3) 총무팀 인력 부족에 대한 교육팀 등의 협조를 위한 보고 전 미팅
4) 최근 3년간 시행한 행사에 대한 결과 보고서의 면밀한 검토
5) 기타 상식적이고 합리적인 행사 준비 사항

이를 기본으로 해서 같은 주제의 비슷한 보고서라도 상사의 성향에 맞게 작성하면 쉽게 인정받을 수 있습니다!

4번이나 상사가 바뀌어도 자리를 지킬 수 있었던 비결

직장인 A 씨는 현재 모 대기업에서 근무 중인 잘나가는 본부장입니다. 그는 대표이사가 4번이나 바뀌는 가운데도 오랫동안 본부장 자리를 지켜왔습니다. 그에게 사람들이 묻습니다.

"전혀 다른 성향의 대표이사를 여러 명 보좌하면서 어떻게 그들 모두에게 인정받으며 오랫동안 본부장으로 일할 수 있었습니까?"

A 본부장의 답변은 단순 명료했습니다.

"대표이사의 성향에 맞춰 문서를 작성해 보고한 덕분인 것 같습니다."

그렇습니다. 아무리 보고서의 완성도가 높아도 결재하는 상사의 성향을 파악하지 못한 채 작성한다면 의사소통의 어려움을 겪는 것은 물론 급기야 보고서를 통해서는 제대로 보고할 수 없는 상황마저 벌어집니다. 한마디로 산을 싫어하는 상사에게 최고의 등산장비와 산행 노하우를 갖춰 산을 오르자고 이야기하는 것이나 마찬가지이지요. 바다를 좋아하는 상사에게는 등산과 관련된 제아무리 좋은 이야기도 한낱 무용지물일 뿐입니다.

나의 기준에 맞춰 보편적으로, 일반적으로 잘 쓴 보고서를 상사에게 제출하는 것은 의미가 없습니다. 상사의 성향에 맞는 보고서를 써야 합니다. 특히 상사의 MBTI 성향을 간파하면 그 상사를 대상으로 작성하는 보고서의 결이 달라집니다.

A 본부장은 '어떻게 하면 완벽한 보고서를 쓸 것인가?'가 아니라 '어떻게 하면 상사가 원하는 보고서를 쓸 것인가?'에 주안점을 두었던 것입니다. '보고서의 완성도가 높은데 상사가 왜 저렇게 트집을 잡지?'라고 생각하기보다는 '이 보고서가 우리 상사가 좋아하는 내용이고 전개 방식일 거야!'라는 쪽으로 생각해야 합니다. 보고서 작성에 대한 생각의 틀을 깬 다음, '나'가 아닌 '상대방'을 중심에 놓고 맞춤형 보고서를 작성해야 함이 절실한 상황입니다.

맞춤형 보고서를 쓸 때 기본 정보의 길라잡이 역할은 MBTI 분석이 해줄 겁니다. 4명의 대표이사를 보좌하면서 A 본부장이 실행한 맞춤 보고서 작성 공략법을 한번 살펴볼까요.

※ A 본부장의 MBTI 유형별 공략법

대표이사 MBTI	선호하는 보고서 특성	보고서 작성 공략법
1. ENFP (천방지축 스파크)	• 변화와 가능성 강조 • 창의적, 감성적 • 구조보다는 메시지 • 시각적 표현 선호	• 도입 부분 강조 • 비전 중시 스토리텔링 • 형식보다는 내용 전달에 집중 • 아이디어를 색, 도형으로 시각화

2. ESTJ (책임감 강한 리더)	• 항목별로 정리된 구조화 선호 • 수치 기반의 근거, 사실 중심 • 빠른 결론, 프로세스 사고	• 첫 페이지에 핵심과 결론 요약 • 수치와 데이터 기반의 근거 제시 • 체크리스트, 도표 및 차트 활용
3. ISTJ (내실 추구 봉사자)	• 전통 양식 선호 • 사소한 오류에 민감 • 출처와 근거 제시	• 목차, 부제 명확히 • 각각의 데이터와 내용 검증 • 표기법, 띄어쓰기, 오탈자 유의
4. INFP (이상적인 몽상가)	• 형식보다는 스토리 • 감성적 표현과 독창성 추구 • 이상적 가치와 의미 중시	• 딱딱한 표현보다 부드러운 언어 사용 • 보고서에 공감 메시지 삽입 • 목적에 맞는 가치 부여

참고자료 MBTI 유형별 일반적 특성

① ISTJ 내실 추구 봉사자

ISTJ는 내향적(Introverted), 감각적(Sensing), 사고적(Thinking), 판단적(Judging) 성향을 지닌 성격 유형으로, 현실적이고 체계적인 접근법을 선호합니다. 책임감이 강하고, 신뢰할 수 있으며, 전통과 규칙을 중시하는 경향이 있습니다. 업무를 수행할 때는 정확성과 효율성을 추구하며, 세부 사항에 주의를 기울입니다. 또한, 침착하고 논리적인 사고로 문제를 해결하며, 안정적이고 예측 가능한 환경을 선호합니다. 조용하고 진지하게 깊이 있는 논리를 추구합니다. 다만, 변화나 새로운 시도에 다소 보수적인 태도를 보이며, 감정 표현에 서툴러 타인에게 차갑게 느껴질 수도 있습니다. 혼자 있기를 좋아하며, 낯가림과 타인에 대한 경계심이 심해 친해지기까지 시간이 걸릴 수 있습니다.

"틀린 건 틀린 거다. 업무에 감정 따위는 개입시키지 않는다."

- 신중하고 차분하며, 약속을 철저히 지키는 스타일
- '5분 전 도착하는 게 제시간'이라고 생각하며, 계획대로 진행되는 것을 선호
- "논리적으로 설명해봐"가 말버릇
- 엑셀 파일 없이 말로 설명하는 것을 싫어함. 방 정리도 엑셀로 계획하는 타입
- 깔끔한 정리, 효율적인 루틴을 중요시함

MZ 밈 예시 "TMI 말고 핵심만."
"딱 맞는 정답이 있는데 왜 감성에 호소하지?"

② ISFJ 다정한 수호자

ISFJ는 내향적(Introverted), 감각적(Sensing), 감정적(Feeling), 판단적(Judging) 성향을 지닌 성격 유형으로, 조용하고 차분하며 온정적이고 친근한 특징을 가지고 있습니다. 성실하고 책임감이 강하며, 타인의 감정을 세심하게 배려합니다. 또한 전통적 규칙과 절차를 준수하며, 실용적이고 현실적인 접근 방식을 중요시합니다. 감정적이지만 균형 잡힌 사고를 해서 업무 수행 시 세부 사항까지 꼼꼼하게 확인하는 편입니다. 조용하고 친절한 성향으로 조직 내에서 협력적이고 조화로운 분위기를 유지하는 데 기여합니다. 다만, 변화나 새로운 도전에는 보수적인 태도를 보이며, 갈등을 피하려는 경향이 있어 중요한 의견을 적극적으로 표현하지 못할 수도 있습니다. 소심하고 방어적인 성격으로 자신보다 타인을 우선시하는 성향을 지녀 직접적으로 표현하지 못하고 부담을 과도하게 짊어질 가능성이 높고, 스트레스를 쌓아 두는 경향이 있습니다.

"내가 다 해줄게. 너는 신경 쓰지 마."

- 세심하고 배려심 강하며, 타인을 챙기는 게 몸에 밴 타입
- "네가 좋아하는 아메리카노 샀어!" 하며 사소한 것도 기억하는 스타일
- 부탁을 거절하지 못하고 결국 다 떠맡음(속으로 '아, 또 시작이네'라고 생각하면서도 해줌)
- 사람들 사이에서 조용히 영향력을 행사하는 숨은 리더 타입

MZ 밈 예시 "자기 일 하다가도 남 돕느라 바쁜 타입."
"괜찮다고 말하지만 사실은 다 챙기고 있습니다."

③ INFJ 이상적인 조언자

INFJ는 내향적(Introverted), 직관적(Intuitive), 감정적(Feeling), 판단적(Judging) 성

향을 지닌 성격 유형으로, 깊은 통찰력과 이상주의를 바탕으로 세상을 바라봅니다. 조용하고 신중하며, 타인의 감정과 필요를 민감하게 인식하고 공감합니다. 또한, 창의적이고 상상력이 풍부해서 복잡한 문제를 해결하는 데 독특한 접근 방식을 취합니다. 강한 직관력으로 미래를 예측하고, 자신의 가치와 원칙에 따라 행동하며, 세상을 더 나은 곳으로 만들기 위해 노력합니다. 다만, 내향적인 성향이라 감정을 잘 드러내지 않고 뒤끝이 있어 때때로 주변 사람들과 단절감을 느낄 수 있습니다. 걱정이 많고 완벽주의적인 경향이 있어 스스로에게 높은 기대를 부여하며, 결과가 좋지 않으면 더욱 스트레스를 받을 수 있습니다. 완벽하지 않으면서도 내심 완벽을 추구하는 유형입니다.

"이 세상에 변화를 가져오고 싶어."

- 감성적이지만 논리도 갖춘 철학자 타입
- 사람들의 깊은 내면을 꿰뚫어 보며 가끔 예언자 같은 소리를 하는데, 놀랍게도 적중률이 높음
- 말은 적게 하지만 한마디 한마디가 깊은 인상을 줌

MZ 밈 예시 "이야, 이 조합은 오래 못 가겠는데?"
"속마음 다 보여. 숨기지 마."

④ INTJ 사색하는 과학자

INTJ는 내향적(Introverted), 직관적(Intuitive), 사고적(Thinking), 판단적(Judging) 성향을 지닌 성격 유형으로, 논리적이고 분석적인 사고로 이성적이고 체계적인 접근을 선호합니다. 독립적이며, 자기 주도적인 경향이 강하고, 복잡한 개념을 이해하거나 구조화하는 데 능숙합니다. 완벽주의적인 성향으로 인해 높은 기준을 설정

하고, 이를 달성하기 위해 지속적으로 노력합니다. 다만, 감정보다 논리를 중시하다 보니 감정 표현이 서툴러 오해를 사기 쉽습니다. 지나치게 꼼꼼한 성격으로 세부 사항에 집착하고, 현실적인 제약을 무시하는 모습도 보입니다.

"인생은 체스판, 나는 과학자."
- 모든 일에 명확한 목적과 계획이 있어야 속이 편한 스타일
- "이건 비효율적이야"가 입버릇
- 개선할 점이 보이면 가만히 있지 못함
- 군더더기 없는 깔끔한 사고방식
- 감정적인 이야기를 혐오함
- 남들이 못 보는 문제점을 짚어내며 해결책까지 제시함

> MZ 밈 예시 "이걸 왜 이렇게 해? 효율이 0인데?"
> "계획 없는 삶? 그건 무계획이야."

⑤ ISTP 실용주의 해결사

ISTP는 논리적이고 현실적인 접근 방식으로 문제를 해결하는 데 능숙합니다. 분석적 사고를 바탕으로 효율적인 해결책을 찾아내며, 직접적인 경험과 실험을 통해 배우는 것을 선호합니다. 복잡한 이론보다는 실제 적용 가능성을 중요하게 여기며, 불필요한 요소를 제거하고 본질적인 해결책을 찾아내는 데 집중합니다. 예측 불가능한 상황에도 유연하게 대응하며, 빠르게 문제를 분석한 뒤 즉각적인 결정을 내리는 능력이 뛰어납니다. 감정보다는 객관적 사실과 논리를 기반으로 판단합니다. 독립적인 성향이 강해 혼자 작업하는 것을 선호하지만, 필요할 때는 팀과 협력해 효율적인 해결책을 제시하기도 합니다. 다만, 자신이 좋아하는 것에는 몰입감이 크지만 싫

어하는 것은 대충 하는 경향이 있습니다. 지나치게 실용적으로 접근하다 보면 감성적 요소를 간과할 수 있으며, 세부적인 계획보다는 즉각적인 실행을 우선시하는 경향이 있어 장기적인 전략이 부족할 수도 있습니다.

"일단 부숴보고 다시 만들면 되잖아?"

- 말보다는 행동, 분석보다는 직접 경험을 선호
- '이거 어떻게 작동하는지 궁금한데?'라는 생각이 들면 바로 뜯어봄
- 감정적인 대화를 회피하는 경향. "길게 이야기하지 말고 해결책만 말해"가 모토
- 위험한 순간에도 침착. 모든 걸 빠르게 분석하는 능력이 탁월함

MZ 밈 예시 "문제가 생기면 해결하면 되지. 뭐가 문제야?"
"버그 수정 중. 그런데 더 커짐."

⑥ ISFP 감성적 예술가

ISFP는 감성적이고 개방적인 태도로 주변을 관찰하며, 순간의 경험을 소중히 여기는 자유로운 성향을 갖습니다. 즉흥적이고 감성적인 표현을 즐기며, 전통적인 틀보다는 자신만의 개성을 살리고 싶어 합니다. 예민하고 감성이 풍부해서 세부 사항을 섬세하게 포착해내 예술, 디자인, 음악, 문학 등 창작 분야에서 두각을 나타냅니다. 다만, 조직 구조나 엄격한 규칙을 따르는 것을 답답해하며, 계획보다는 유연성을 중시하는 경향이 있습니다. 자신의 감정과 가치관을 중요하게 여기기 때문에 내면적으로 깊은 의미를 찾는 것을 중요시합니다. 분위기에 민감한 성향 때문에 문제를 해결하는 실용적인 자세보다는 정서적인 해결책을 선호합니다. 타인의 평가를 인식하지만 자신만의 방식으로 표현하며 살아가는 마이웨이 스타일이라고 할 수 있습니다.

"난 내 방식대로 살아. 틀에 박힌 건 싫어."

- 개성이 강하고, 자신만의 스타일을 중요시하는 감성파
- 조용하고 느긋하게 자신을 챙기는 형
- 정해진 규칙, 반복되는 생활을 싫어함
- 창의적인 일에는 몰두하는 모습을 보이지만, 하기 싫은 건 절대 하지 않음
- 예술적인 감각이 뛰어나며, 가끔은 현실보다는 감성에 치우침

MZ 밈 예시 "다 필요 없고 내 느낌이 중요해."
"가만 보면 감성 부자."

⑦ INFP 이상적인 몽상가

INFP는 깊은 내면의 가치와 이상을 중시하는 성향을 지닌 유형입니다. 현실적인 문제를 해결하는 것보다 자신만의 철학과 신념을 바탕으로 의미 있는 것을 창조하는 데 힘을 쏟습니다. 감성적이고 직관적인 사고를 가지고 있으며, 자유로운 발상과 창의적인 아이디어를 발휘하는 데 뛰어납니다. 평소에는 조용하지만, 일정한 자극에는 자신의 감정을 발산합니다. 강한 공감 능력과 깊이 있는 통찰력을 바탕으로 사람들에게 감동을 주는 메시지를 전달하는 데 능숙해 '숨어 있는 잔다르크'라고 불리기도 합니다. 뭔가 풀리지 않는 일이 있으면 잠을 이루지 못하기도 하지요. 논리적인 분석보다는 감성적이고 이상적인 방식에 젖어 현실과 동떨어진 상상의 세계를 펼치기도 합니다.

"이 세상, 이렇게 살아도 되는 걸까?"

- 감성이 풍부하고, 상상력이 뛰어난 이상주의자
- 생각이 많고, 현실보다 머릿속 세계에 더 오래 머무는 편

- 가끔 "우리 존재의 의미가 뭘까?" 같은 철학적인 말을 함
- 사람들에게 감정적으로 깊이 공감하지만, 그만큼 감정 소모도 심함

MZ 밈 예시 "정답보다 옳음이 필요합니다."
"인생이 영화 같았으면 좋겠다."

⑧ INTP 논리적인 철학자

INTP는 논리적 탐구와 개념적 사고를 중시하는 지적인 사색가입니다. 기존 틀에 얽매이기보다는 새로운 아이디어를 탐구하고 복잡한 개념을 분석하는 것을 즐깁니다. 호기심이 많아 끊임없이 "왜?"라는 질문을 던지며, 논리적 근거가 명확한 설명을 선호합니다. 감정보다 객관적인 데이터와 이론적 구조를 신뢰하며, 감성적인 설득이나 전통적인 방식에는 의문을 표하는 경우가 많습니다. 독립적인 사고를 선호하며, 혼자 깊이 생각하는 시간을 중요하게 여기는 자신만의 이론가이지만, 관심 있는 주제에 대해서는 열정적으로 토론합니다. 실용적인 문제 해결보다는 이론적인 탐구와 추론 등에 집중하는 경향이 있으며, 실행력을 발휘하기보다는 사고 과정 자체를 즐기는 면이 있습니다.

"모든 것에는 패턴이 있다."

- 분석적이고 새로운 아이디어를 찾는 것을 즐김
- 현실보다는 개념과 이론에 관심 많음
- 논리적으로 따지는 것을 좋아해서 토론하다 보면 상대방이 지칠 지경
- 말하는 방식이 너무 직설적이라 상대방이 상처를 받을 수도 있음

MZ 밈 예시 "그거 논리적으로 말이 안 돼."
"가설-검증-수정 루프를 돌리겠습니다."

⑨ ESTP 에너지 넘치는 모험가

ESTP는 순간을 즐기며 현실적인 문제 해결에 능숙한 유형입니다. 분석과 계획보다는 즉각적인 행동과 경험을 통해 배우는 것을 선호하며, 도전적인 상황에서도 자신감을 잃지 않고 돌파하는 강한 추진력을 가졌습니다. 사교적이고 외향적인 성격을 지녀 타인과의 소통을 즐기며, 다양한 사람들과 네트워크를 형성하는 데 능숙합니다. 한마디로 '수완 좋은 활동가'라고도 할 수 있지요. 감각적이고 현실적인 접근 방식을 중시하며, 논리적인 분석보다는 유연하고 빠른 판단을 내리는 경우가 많습니다. 위험을 기꺼이 감수하고 경쟁을 두려워하지 않으며, 급변하는 상황에 유연하게 적응하는 능력이 뛰어납니다. 한마디로 활기찬 에너지와 적극적인 태도로 변화와 도전을 기회로 삼는 역동적인 유형입니다.

"그냥 해보면 알겠지!"

- 즉흥적이고 도전 정신이 강한 유형으로, 계획보다 실천을 선호함
- 빠른 판단과 행동력으로 위기 상황에 유연하게 대처
- 사람들과 잘 어울리며, 분위기를 주도하는 성향이 강함
- 반복적인 업무나 따분한 일상은 극도로 싫어함
- 현실적이며, 감정보다는 논리적인 해결 방안을 찾는 타입

> **MZ 밈 예시** "문제? 그냥 해결하면 되잖아!"
> "계획은 필요 없어. 일단 해보고 수정하면 돼."
> "위험해? 그런데 재미있잖아!"

⑩ ESFP 가변형 분위기메이커

ESFP는 외향적이고 사교적인 유형으로, 주변의 관심과 주목을 즐깁니다. 지금 이

순간을 소중히 여기며, 즉흥적인 성향이 강합니다. 다른 사람들과 활발히 교류하며, 친절하고 따뜻한 태도로 어떤 사람과도 쉽게 친해집니다. 조직에서 오락 부장, 즉 엔터테이너 스타일이지요. 감수성이 풍부하고 공감 능력이 뛰어나 주변 사람들의 감정과 필요를 잘 이해하고 도와줍니다. 새로운 경험과 도전을 즐기며, 변화와 다양성을 추구하는 경향이 있습니다. 그러나 지루한 것을 견디지 못해 반복적이거나 일상적인 일에는 쉽게 흥미를 잃습니다. 철저한 준비보다는 그때그때 결정하는 것을 선호해 장기적인 계획 수립이나 체계적인 접근에는 어려움을 겪습니다. 긍정적이고 유쾌한 태도로 주변에 활력을 불어넣으며, 팀이나 그룹에서 분위기메이커로서 중요한 역할을 합니다.

"지금 이 순간을 즐기자!"

- 사람들과 어울리는 것을 좋아하는 사교왕
- 즉흥적인 성향이 강하며, 감각적이고 유행에 민감함
- 행동 지향형으로 실행력이 강하고, 변화에 빠르게 적응함
- 감정이 풍부하고, 사람들에게 긍정적인 에너지를 줌
- 장기적인 계획보다는 현재의 즐거움을 우선시하는 경향이 있음

MZ 밈 예시 "우울할 땐 쇼핑이 답이다!"

"이거 재미있어 보이는데? 바로 해보자!"

"일단 신나게 놀고 나서 생각하자!"

⑪ ENTP 열정적인 아이디어뱅크

ENTP는 창의적이고 논리적인 사고를 바탕으로 끊임없이 새로운 아이디어를 탐색하는 유형입니다. 토론과 논쟁을 즐기며, 다양한 관점에서 문제를 분석하고 해결책

을 모색하는 데 뛰어난 능력을 보입니다. 즉흥적이고 유연한 태도로 변화에 빠르게 적응하며, 틀에 갇히지 않는 사고방식으로 새로운 가능성을 발견하는 것을 좋아합니다. 카리스마 넘치는 발명가 스타일이기도 하지요. 반복적인 업무보다는 도전적인 프로젝트에서 에너지를 얻으며, 주변 사람들에게 새로운 변화로 활력을 불어넣는 역할을 합니다. 빠른 학습 능력을 바탕으로 다양한 분야를 넘나들며, 설득력 있는 커뮤니케이션으로 사람들을 이끄는 데 능합니다. 그러나 지나치게 많은 아이디어를 동시에 추진하다가 마무리에 소홀할 수 있으며, 일상적이거나 체계적인 작업보다는 자유롭고 창의적인 환경에서 최고의 역량을 발휘할 수 있습니다. 모험과 도전을 즐기고, 실패를 두려워하지 않으며, 새로운 기회를 찾아 끊임없이 성장하는 혁신가적인 성향을 가지고 있습니다.

"이렇게 하면 더 잘되지 않을까?"

- 끝없이 아이디어를 쏟아내는 창의력의 화신
- 논쟁과 토론을 즐기며, 상대방을 논리로 설득하는 것을 좋아함
- 기존 방식에 의문을 제기하며, 늘 새로운 방법을 찾음
- 즉흥적이면서도 전략적이며, 기회를 포착하는 능력이 뛰어남
- 너무 많은 아이디어를 떠올리다가 정작 실행에 옮기지 못할 때도 있음

MZ 밈 예시 "이거 개혁이 필요해!"

"논리적으로 설명해봐. 왜 안 되는 거야?"

"내 머릿속엔 이미 100가지 아이디어가 있어!"

⑫ ENFP 천방지축 스파크

ENFP는 무한한 가능성을 탐색하는 자유로운 영혼입니다. 틀에 갇히지 않는 사고방

식과 넘치는 창의력으로 새로운 아이디어와 경험을 찾는 것을 즐기며, 재미있겠다 싶으면 바로 뛰어듭니다. 관계 지향적으로 사람들과의 교류를 중요하게 여기며, 타고난 공감 능력과 긍정적인 에너지로 주변 분위기를 들뜨게 하는 '인싸력'을 자랑합니다. 순발력 있는 개구쟁이 기질을 발휘해 특유의 유머 감각으로 사람들에게 웃음을 선사합니다. 즉흥적이고 유연한 성향 덕분에 빠르게 적응하지만, 반복적이거나 지루한 일에는 쉽게 흥미를 잃습니다. 감성적인 직관과 상상력을 바탕으로 남들이 보지 못하는 기회를 포착하는 능력이 뛰어납니다. 다만, 한번에 너무 많은 아이디어에 빠져 마무리가 부족할 때가 있으며, 현실보다는 이상적인 방향을 중요하게 여기는 경향이 있습니다. 이렇듯 남들이 생각하지 못한 방식으로 세상을 바라보는 힘을 가진 덕분에 조직이나 팀에서 새로운 변화를 주도하는 역할이 주어지는 경우가 많습니다.

"새로운 게 있대! 가보자고!"

- 새로운 경험을 즐기는 자유로운 영혼
- 사람들과 만나고 다양한 아이디어를 공유하는 것을 좋아함
- 감정이 풍부하고 직관력이 뛰어나 사람들의 마음을 잘 읽음
- 단순 반복 작업보다는 창의적인 일이 어울리는 타입
- 관심사가 너무 많아 쉽게 싫증을 느낌

MZ 밈 예시 "이거 재미있어 보이는데? 바로 해보자!"

"너무 좋다. 근데 다음엔 뭐할 거야?"

"새로운 이벤트? 당연히 내가 해야지!"

⑬ ESTJ 책임감 강한 리더

ESTJ는 확실한 원칙과 강한 책임감으로 팀을 이끄는 리더형입니다. "일은 정확하

고 효율적으로!"라는 신념 아래, 체계적인 계획과 실행력을 바탕으로 목표를 달성하는 것에 집중합니다. 이른바 일 중심적인 '워커홀릭' 유형이지요. 규칙과 질서를 중요하게 여기고 공정한 시스템을 유지하는 데 힘씁니다. 현실적이고 논리적인 사고를 바탕으로 빠르게 의사결정을 내리며, 어려운 상황에서도 흔들리지 않는 강한 정신력을 발휘합니다. 책임감이 강해 맡은 일은 끝까지 해내며, 목표를 끝까지 밀어붙이는 추진력을 보여 주변 사람들도 높은 기준과 기대치를 갖습니다. 때때로 너무 직설적이거나 원칙주의적인 모습을 보이며, 변화보다는 검증된 방식과 안정적인 구조를 선호하는 경향이 있습니다. 이런 특성 덕분에 팀이나 조직에서 신뢰받는 리더로 자리 잡기 쉽습니다. "말보다는 행동, 결과로 증명하는 타입!"이지만, 성과에 집착하고 '내가 아니면 안 된다' 식으로 자신만의 질서를 고집하는 부분은 약점이 될 수 있습니다.

"일단 계획부터 세우고 시작하자!"

- 조직적이고 계획적인 성향으로, 책임감이 강함
- 현실적이고 효율적인 방식을 선호
- 목표 달성을 중요하게 여기는 '답정남(녀)'
- 결단력이 뛰어나며, 명확한 역할 분담을 선호
- 감정보다는 논리와 실질적인 결과를 중시
- 가끔 지나치게 직설적이거나 엄격하다는 평가를 받음

MZ 밈 예시 "이거 계획 없이 하면 무조건 망한다."
"일단 체크리스트부터 만들어!"
"시간 낭비할 여유 없어. 바로 시작하자!"

⑭ ESFJ 사교적 친선 도모자

ESFJ는 따뜻한 배려와 사교성으로 팀을 이끄는 분위기메이커입니다. 사람들과 함께하는 것을 좋아하며, 주변을 세심하게 챙기고 조화를 이루는 데 집중합니다. 계획적이고 체계적인 성향으로 모임이나 이벤트를 주도하며, 모두가 즐겁게 참여할 수 있도록 신경을 씁니다. 전통과 규범을 중요하게 여기며, 조직 내에서 신뢰받는 리더이자 조력자 역할을 합니다. 현실적이고 실행력이 뛰어나 팀의 방향을 잡고, 실질적인 해결책을 제시하는 능력이 강합니다. 다만, 새로운 변화나 즉흥적인 상황에는 다소 적응이 느리며, 익숙한 방식을 선호합니다. 따뜻한 배려와 성실한 자세로 주변에 긍정적인 영향을 미치며, 팀워크를 중시하는 환경에서 우수한 역량을 발휘합니다. 간혹 작은 부분에도 적극적인 모습을 보이며, 인정을 받으려는 욕구가 강해 일이 잘못될 경우 과도하게 위축되는 성향이 있습니다.

"모두가 함께해야지!"

- 타인을 배려하며 조화를 중요시하는 인간관계 마스터
- 분위기를 살피며, 원만한 팀워크를 위해 노력
- 사람들을 챙기는 것을 좋아하며, 협력적인 성향이 강함
- 감성적이면서도 현실적이며, 조직적인 운영을 선호함
- 타인의 기대에 맞추려다가 자신의 감정을 희생하는 경우도 있음

MZ 밈 예시 "다들 힘들지? 내가 커피 사 올게!"

"팀워크가 최고지. 혼자 하면 재미없잖아."

"이거 하면 다들 좋아할까?"

⑮ ENTJ 주도면밀한 전략가

ENTJ는 강한 추진력과 전략적 사고를 바탕으로 목표를 달성하며, 부지런한 카리스마가 돋보이는 리더입니다. "할 거면 제대로. 안 할 거면 시작도 하지 마!"라는 신념을 바탕으로, 체계적인 계획과 실행력을 중시합니다. 장기적인 비전을 설정하고, 이를 실현하기 위해 조직을 효율적으로 운영합니다. 논리적이고 객관적인 판단을 근거로 빠른 의사결정을 내리며, 안 되는 핑계보다 되는 이유를 찾기 때문에 복잡한 문제를 해결하는 데 능숙합니다. 가장 큰 장점인 전략적 사고와 리더십 덕분에 변화를 주도하고 '크게 보고 빠르게 움직이며 성과를 창출하는' 조직의 핵심 인물로 자리 잡을 수 있습니다. 다만, 승부욕이 강하고 비효율적인 방식이나 느린 진행은 답답해합니다. 높은 기준과 목표를 설정하고 자신뿐만 아니라 주변 사람들에게도 성장을 요구합니다. 냉철한 판단과 카리스마로 조직을 이끌어가며, 감정보다 논리를 우선시하기 때문에 주변의 평가와 감정을 무시하고 지나칩니다.

"목표를 정하고, 바로 실행하자!"

- 철저한 계획과 실행력을 기반으로 목표를 달성하는 유형
- 뛰어난 전략적 사고와 탄탄한 논리력으로 문제를 해결하는 능력이 강함
- 강한 리더십으로 조직을 이끄는 경우가 많음
- 결단력이 강하고(OX형 사고), 효율성을 중요시함
- 감정보다는 결과를 중시하는 편이라 가끔 지나치게 직설적일 수도 있음

> **MZ 밈 예시** "이거 하면 이득이야? Yes야 No야? 바로 하자."
> "대충하면 안 돼. 확실하게 끝내야지!"
> "감정 낭비 말고 해결책부터 찾자!"

⑯ ENFJ 열정적인 지도자

　ENFJ는 사람들을 이끄는 데 타고난, 열정적인 리더형입니다. "함께하면 더 멀리 갈 수 있다!"는 신념으로 팀을 이끌며, 타인의 성장과 발전을 진심으로 돕는 성향을 가졌습니다. 뛰어난 공감 능력과 통찰력을 바탕으로 사람들의 잠재력을 발견하고, 이를 극대화하는 데 힘씁니다. 언변과 설득력이 강해 조직이나 그룹에서 자연스럽게 영향력을 발휘합니다. 아울러 팀워크와 협력도 중요시합니다. 미래지향적인 사고방식을 가지고 있어 장기적인 목표와 비전을 설정하는 데 능숙합니다. 강한 책임감과 긍정적인 에너지를 바탕으로 모두의 성공을 자신의 기쁨으로 여기는 헌신적인 리더입니다. 다만, 타인의 감정에 너무 신경 쓰다 보니 자기 자신을 돌보는 데 소홀하며, 갈등을 피하려는 경향이 있어 어려운 결정을 미루기도 합니다. 타인의 즐거움에서 자신의 즐거움을 찾지만, 내면의 여린 부분은 급격한 변화와 혁신에 취약한 모습을 보입니다.

"우리 함께 더 나은 세상을 만들어보자!"

- 타인을 돕고 사람들과 함께 성장하는 것을 중요하게 여김
- 사회적 영향력이 강하며, 리더십이 뛰어남
- 공감 능력이 뛰어나며, 협력적인 팀워크를 중시
- 미래를 바라보며, 이상적인 변화를 이끌어내려 함
- 너무 많은 사람을 챙기다 보니 정작 본인은 지치기 쉬움

MZ 밈 예시　"우리 팀이 함께라면 뭐든 해낼 수 있어!"
　　　　　　"이걸 하면 세상이 더 나아질 거야."
　　　　　　"한 번 더 믿고 끌어올리자."

나는 어떤 유형의 보고서 작성자인가?

다들 한 번쯤 MBTI 검사를 해봤을 겁니다. 이를 토대로 보고서 작성 유형을 진단해봅시다. 이 진단은 학문적 검증이라기보다는 MBTI 이론을 보고서 작성에 응용한 것이니 신뢰도나 객관성을 따지기보다는 보고서를 작성하는 데 있어 나와 상대방의 유형을 파악하고 이후 맞춤형 보고서를 작성할 때 이를 참고하는 데 의미가 있습니다.

※ **MBTI 진단지를 응용한 보고서 작성 스타일 진단**

· 작성 기준

빈칸에 아래 기준 점수 중 하나를 기입하세요.

항상 그렇다. 또는 그럴 것이다·· 3점
비교적 그렇다. 또는 그럴 것이다·· 2점

어쩌다 한두 번, 간혹 그렇다. 또는 그럴 것이다 ································· 1점
전혀 그렇지 않다. 나와 상관없다. 또는 그럴 것이다 ······················ 0점

· **해석**

합계 점수 중 점수가 가장 높은 것부터 네 번째까지의 조합이 바로 여러분의 MBTI 보고서 작성 유형입니다.

	내용	E	I	S	N	T	F	J	P
1	보고서를 계획적으로 쓴다.							○	
2	정해진 형식대로 보고서를 작성하는 것이 답답하다.								○
3	보고서 내용을 구성할 때 풍부한 상상력을 발휘한다.				○				
4	보고서를 작성할 때 마감 직전에 몰아서 한다.								○
5	사실보다 개념과 원리를 잘 따져본다.				○				
6	보고서를 작성하면서 상황에 따라 내용을 추가하고 조정한다.								○
7	보고서를 작성할 때 내용에 대한 아이디어가 풍부하다.				○				
8	보고서의 논리보다 그 속에 담겨 있는 정서를 고려한다.						○		
9	중요한 보고서는 스케줄 등 모든 것을 미리 철저하게 관리한다.							○	
10	사람들과 쉽게 보고서 작성에 대해 이야기한다.	○							
11	묵묵히 조용히 혼자 보고서를 작성하는 것이 편하다.		○						
12	사실과 숫자를 다루는 데 익숙하다.			○					
13	자기 감정에 솔직하다.						○		
14	보고서를 작성할 때 단계적으로 해야 할 것을 나눠 시작한다.							○	
15	기존 방식의 개선점을 파악하고 대안을 제시한다.				○				
16	정확한 사고와 분별력이 있다.					○			
17	보고서를 작성할 생각을 하면 부담스럽다.		○						
18	이론보다 사실 중심의 보고서에 더 끌린다.			○					

19	객관적이고 논리적인 것보다 정서적인 표현을 좋아한다.							
20	보고서의 내용을 보고할 때 합리적인 부분을 중요시한다.							
21	실질적인 것보다는 기발하고 독특한 보고서에 끌린다.							
22	보고서를 쓸 때 긴 시간을 두고 차분히 작성한다.							
23	보고서를 피드백할 때 경험적 부분을 강조한다.							
24	어떤 결정을 내릴 때 사람들의 감정과 의견을 고려한다.							
25	그때그때 상황에 따라 변화무쌍한 것을 즐긴다.							
26	다른 사람과 협업해 보고서 쓰는 것을 좋아한다.							
27	마감 시한을 정해놓고 보고서를 작성한다.							
28	보고서를 작성할 때 문장 하나하나에 신경을 쓴다							
29	보고서의 논리적 근거나 자료를 분석하는 데 강하다.							
30	디테일이 있는 사람들이 나와 성향이 맞다고 생각한다.							
31	보고서를 작성하는 데 다른 사람보다 시간이 많이 걸리지 않는 편이다.							
32	신경을 쓰면 다른 사람보다 에너지가 더 빨리 소진된다.							
33	보고서 양식이 체계적으로 정해진 것을 좋아한다.							
34	보고서를 쓰는 것보다 말로 표현하는 게 낫다고 생각한다.							
35	감성에 치우치지 않고 이성적인 부분을 내세우려고 한다.							
36	부드럽고 온화한 분위기의 보고서를 작성하는 데 강하다.							
37	다른 사람에게 맡기지 않고 보고서를 주도적으로 쓰는 편이다.							
38	보고서의 오탈자를 잘 발견해낸다.							
39	내가 하고 싶은 대로 보고서를 쓰려 하며, 통제를 싫어한다.							
40	비판적이더라도 일관성을 추구하려고 노력한다.							

합계

MBTI 유형별 일반 성향 & 보고서 작성 스타일

MBTI 유형	일반적인 성향	보고서 작성 스타일
ISTJ	내실 추구 봉사자	차분하고 꼼꼼한 보고서 작성자
ISFJ	다정한 수호자	배려와 신뢰의 보고서 작성자
INFJ	이상적인 조언자	깊이 있고 분석적인 보고서 작성자
INTJ	사색하는 과학자	논리적이고 구조적인 보고서 작성자
ISTP	실용주의 해결사	간결하고 실용적인 보고서 작성자
ISFP	감성적 예술가	감각적이고 감성적인 보고서 작성자
INFP	이상적인 몽상가	창의적이고 이상을 꿈꾸는 보고서 작성자
INTP	논리적인 철학자	개념적이고 분석적인 보고서 작성자
ESTP	에너지 넘치는 모험가	즉각적이고 실용적인 보고서 작성자
ESFP	가변형 분위기메이커	직관적이고 유연한 보고서 작성자
ENTP	열정적인 아이디어뱅크	열정적이고 변화무쌍한 보고서 작성자
ENFP	천방지축 스파크	창의적이고 자유로운 보고서 작성자
ESTJ	책임감 강한 리더	체계적이고 명확한 보고서 작성자
ESFJ	사교적 친선 도모자	친화적이고 조화로운 보고서 작성자
ENFJ	열정적인 지도자	감성적이고 설득력 있는 보고서 작성자
ENTJ	주도면밀한 전략가	목표 지향적이고 전략적인 보고서 작성자

2장

팀장님은 T형이야! 알고나 쓰는 거니?

에너자이저 부장님, 어쩌면 좋아요?

"그래서 도대체 결론이 뭐야?"

김무상 대리는 몇 날 며칠 야근하며 30페이지가 넘는 보고서 '신제품 전략 기획안'을 작성했습니다. 그런데 신제품 개발 배경부터 시장 분석, 경쟁사의 동향, 시장의 동향 등 다양한 자료를 첨부해 구체적이고 체계적으로 잘 써내려간 보고서에 대한 유발산 부장의 한마디 평가는 야속하기만 합니다.

"이렇게 만연체로 설명하면 요점이 파악되겠어? 좀 간결하게 이야기하면 좋겠는데……."

"부장님, 무엇보다 먼저 이번 신제품의 시장성과 경쟁 구도를 이해하는 게 중요합니다. 특히 이 부분은 지난 5년 동안의 시장 트렌드와 수요 조사 결과를 반영한 자료입……."

"잠깐, 김 대리. 내 말 못 알아듣겠어? 이 보고서를 가지고 결재 받을 수 있을 것 같아? 내 경험상 이렇게 써서는 결재가 날 턱이 없으니 내가 지시한

대로 좀 해!"

연거푸 쏟아내는 유 부장의 지적과 지시에 김 대리는 어떻게 말을 이어가야 할지 혼란스럽기만 합니다.

여기서 잠깐! MBTI 체크포인트

✅ **무엇이 문제일까요?**

보고서의 초반의 설득력이 약해요.

- 서두에서 읽는 사람의 관심을 끌지 못했어요.
- 핵심 메시지가 초반에 드러나지 않아 상사의 기대를 충족시키지 못했어요.
- 보고서의 첫 부분에 결론부터 제시했어야 했어요.
- 상사가 원하는 답을 먼저 담아내지 못했어요.

✅ **어떤 유형인가요?**

유발산 부장은 E형입니다.

- 결과를 중요시하며, 빠른 의사결정을 원해요.
- 구체적인 논리보다 핵심 결론과 실행 가능성에 집중해요.
- 복잡한 설명보다 명확하고 간결한 메시지를 선호해요.
- 사람들과 함께할 때 에너지를 얻고 영향력을 발휘하고 싶어 해요.

항상 결론이 먼저입니다

E형은 서론이 길면 답답해합니다. 처음부터 확실한 메시지를 던져야 합

니다. '신제품 전략 기획안'이라면 어떻게 시작해야 할까요? '새로 나온 제품은 이런 제품입니다', '이 제품이 좋습니다', '제품의 이런 점이 만족스러울 겁니다'처럼 내용을 한두 줄로 요약해서 제시해야 합니다. '새로운 ○○ 제품은 시장점유율을 20% 정도 끌어올릴 잠재력이 충분합니다' 이런 식으로요.

하지만 김 대리는 달랐습니다. 제품의 출시 배경으로 시작하는 지극히 논리적인 전개로 차분하게 보고서를 써 내려갔습니다. 유 부장은 반대로 결론을 먼저 내리고 출시 배경을 언급해주길 기대했으니 서로 엇박자가 난 것이지요.

김 대리
1. 제품 출시 배경
2. 제품의 필요성
3. 제품의 개요

유 부장
1. 제품의 개요
2. 제품의 출시 배경
3. 제품의 필요성

보고서의 순서와 구조만 바꿔도 결과는 달라집니다. MBTI 유형에 따라 선호하는 보고서 형태가 달라진다는 것을 명심해야 합니다. '왜(Why)'를 먼저 설명하고 싶은 논리적인 사람은 '무엇을(What)'을 먼저 듣고 싶어 하는 주도적인 사람과는 맞지 않습니다. 서로 다른 언어를 쓰는 것이나 마찬가지인 셈이죠.

핵심을 먼저 이야기해야 합니다

E형은 기다리는 것을 싫어합니다. 설명이 길면 답답해하고, 원하는 바가 보이지 않으면 보고서를 끝까지 읽지 않고 덮어버리는 경우가 허다합니

다. 이들을 대상으로 보고서를 쓸 때는 서두에 빨리빨리 하고자 하는 바가 나타나게 해야 합니다.

이들을 위한 보고서는 '그래서 어쩌란 말이야'라며 결론부터 체크합니다. 무엇보다 먼저 핵심을 치고 나가야 합니다. '이 제품은 출시 후 3개월 이내 투자 대비 효과를 극대화할 수 있습니다'라고 핵심을 전달한 후 데이터를 통해 이를 뒷받침하는 것이 효과적입니다. 어떤 근거로 3개월 이내 시장성을 획득하고 투자 대비 얼마나 큰 효과가 있을지는 핵심을 이야기하고 나서 설명해도 늦지 않습니다.

김 대리의 보고서가 실패한 이유는 여기에 있습니다. 논리적 설명부터 시작하는 방식이 E형 상사와 맞지 않았던 것이죠.

행동(실행) 에너지에 동참하세요

E형은 의자와 친하지 않습니다. 긴 보고서를 줄줄이 읽어주는 것을 가만히 앉아 듣고 있을 만한 인내심이 부족하지요. 심지어 보고서를 작성하는 것도 싫어합니다. 한마디로 말보다 행동이 앞서는 E형에게는 구구절절 논리적이고 장황한 설명을 늘어놓아봤자 소위 씨알도 먹히지 않습니다.

문장을 길게 쓰는 것도 E형에게는 부담입니다. 긴 문장은 이들의 주의를 흐트러뜨릴 뿐입니다. 문장이 길어질 것 같으면 톡톡 끊어서 간결하게 나누어주는 것이 좋습니다. 예를 들어볼까요.

이 제품은 환경친화적인 소재를 사용해 인체에 무해하며, 사용자의 거부감을 줄이고, 나아가 까다로운 환경 규제를 받지 않습니다.

이 문장은 아래와 같이 쓰는 것이 효과적입니다.

신제품은 환경친화적 소재로 3가지 이점이 있습니다.
1. 인체에 무해
2. 사용자의 거부감 최소화
3. 환경 규제 제외

E형을 위한 보고서는 무엇보다 바로 이해할 수 있도록 구조화하는 것이 중요합니다. 더불어 E형은 행동 중심적입니다. 보고서를 읽기보다는 들고 움직이며 피드백하는 것을 좋아합니다. 이들의 행동 에너지에 동참하는 반응을 보여야 더욱 강하게 동기 부여됩니다.

※ E형 보고서 스타일

(원안)

> 협회 회원 가입에 관련한 사항입니다.

> 우선 연령 제한에 걸리고
> 협회와 관련이 없는 일을 하고 계시고
> 무엇보다 해당 경험이 부족한 부분이 아쉽습니다.
> 아무래도 이번에 가입은 힘들겠습니다.
> 적절한 시기에 꼭 입회시켜드리겠습니다.

내용을 이야기하다가 마지막에 결론을 이야기하는 방식으로 구성되어 있습니다. 이런 전개 방식은 E형에게 맞지 않습니다.

(개선안)

> 협회 회원 가입에 관련한 사항입니다.

> 아무래도 이번에 가입은 힘들겠습니다.
> 가입 불가 사유는 다음과 같습니다.
>
> 첫째, 연령 제한에 걸립니다.
> 둘째, 협회와 관련된 경력이 부족합니다.
> 셋째, 해당 분야의 경험이 부족합니다.
>
> 적절한 시기에 입회시켜드리겠습니다.

같은 내용이라도 E형은 결론부터, 핵심부터 이야기하는 것을 좋아합니다. 최근의 보고서 작성 추세 역시 E형의 성향에 맞게 처음에 결론을 명확하게 제시하는 경향을 보이는 것도 고려해볼 필요가 있습니다.

1
소심한 상사를 일깨워야 해요

"음……, 이 방향이 정말 괜찮을까요?"

팀에서 지속적으로 발생하는 업무 처리 지연 문제를 해결하기 위한 개선안을 검토하던 소심해 팀장이 조심스럽게 말을 꺼냈습니다.

"팀장님, 업무 지연의 가장 큰 원인은 불필요한 절차와 승인 과정의 중복입니다. 이를 해결하기 위해 승인 절차를 간소화하고 담당자의 권한을 강화시켜야 한다는 것을 본사에 보고하고자 합니다."

한주도 과장은 확신에 찬 목소리로 말했습니다.

"글쎄요……. 승인 절차를 간소화하면 결재 라인이 축소될 텐데, 상사들이 싫어하지 않을까요? 책임 소재가 불명확해질 수도 있고, 조직의 민감한 부분을 건드릴 가능성은 없는지 걱정되네요."

"팀장님, 그 부분도 충분히 고려해서 권한과 책임에 대한 규정을 포함시켰습니다."

"그리고 너무 단정적인 표현은 조금 부담스럽지 않을까요……? 이 보고서대로 하면 3개월 후에 어떤 일이 벌어질지 생각해봤으면 좋겠어요."

"팀장님, 왜 이렇게 자신이 없으세요. 그냥 우리 팀 의견이니 밀어붙여 보는 게 어떨까요?"

한 과장이 강하게 말하지만, 소 팀장은 여전히 혼자서 골똘히 생각에 잠겨 있습니다.

여기서 잠깐! MBTI 체크포인트

✅ **무엇이 문제일까요?**

단정적 보고서가 부담스러워요.

- 적극적인 전략은 상대방의 스타일과 맞지 않아요.
- 안정적 대안을 제시하지 못해 신뢰를 얻지 못했어요.
- 지나치게 주도적인 접근이 오히려 역효과를 가져왔어요.

✅ **어떤 유형인가요?**

소심해 팀장은 I형입니다.

- 매사 리스크를 먼저 고려하고 신중히 접근해요.
- 강한 표현보다 방어적이고 중립적인 표현을 선호해요.
- 강하게 밀어붙이는 방식에 불편함을 느껴요.
- 안전한 선택지를 찾느라 우유부단해질 수 있어요.

소극적인 정서에 맞춰보세요

I형은 조용하고 내성적이며 리스크를 피하려는 경향이 강합니다. 자기 내면에 집중하며 강한 주장이나 과감한 결론은 부담스러워하지요. 좀처럼 나서지 않는 성격이다 보니 E형처럼 즉각적인 반응을 기대하기 어렵습니다. 과도하게 이끌려는 시도는 오히려 역효과를 일으킬 수 있으니 공격적으로 행동하기보다는 I형의 방어적 성향에 맞춰줘야 합니다. 과한 자신감이나 단정적인 태도로 접근하면 더 움츠러들 수 있습니다.

보고서를 작성할 때의 스타일도 마찬가지입니다. 액션 영화보다는 잔잔한 멜로 영화처럼 차분한 톤과 안정적인 흐름을 유지해야 합니다. 트로트나 아이돌 노래처럼 요란한 음악보다는 발라드나 명상 음악처럼 정적인 음악을 좋아하는 성향에서 짐작할 수 있듯, 보고서 역시 파격적인 것보다는 보수적인 접근이 필요합니다. 급격한 변화나 자극적인 내용은 더욱 소극적인 반응을 초래할 수 있으니 유의해야 합니다.

완화된 표현으로 신뢰를 쌓으세요

I형은 강한 어조를 좋아하지 않습니다. '반드시 해야 한다', '최고의 선택이다' 같은 단정적 표현보다는 '필요할 수 있다', '무난하다', '검토해볼 만한 대안이다' 같은 부드러운 표현이 적절합니다. 보고서 역시 강한 어조나 과감한 결론보다는 중립적 결론을 맺는 것이 낫습니다. '이 전략은 성공할 것입니다'보다는 '이 전략은 성공 가능성이 높아 보입니다'라든지 '현재의 데이터를 분석해볼 때 긍정적인 결과를 기대할 수 있습니다'라고 하는 것이

죠. '이것이 유일한 해결책입니다'라고 하기보다는 '이 방법과 함께 다른 방안도 고려해볼 필요가 있습니다'라고 하는 게 좋습니다. 다소 힘이 빠져 보일 수도 있지만 I형의 선호 성향을 고려할 때 이러한 접근이 더 자연스럽고 효과적입니다.

안정적인 선택지를 제시하세요

I형은 소극적이고 조심스러운 태도를 가지고 있습니다. 의사결정에서 우유부단한 모습을 보이기도 하는데, 이는 그만큼 충분한 고민과 검토 과정을 거치고 있다는 의미로 받아들여야 합니다.

이런 성향을 고려해서 보고서에서는 하나의 해결책만 제시하기보다는 여러 선택지를 열어두고 의사결정을 유도하는 것이 바람직합니다. 가령, 어떤 문제에 대한 해결책을 이야기할 때 구체적으로 하나의 대안을 제시하지 말고, '1안과 2안이 있으며 현재로선 1안이 더 적합해 보입니다'라고 하는 것이죠.

I형도 결정을 내려야 하는 상황에선 신중하게 접근하면서 자연스러운 방향을 제시합니다. 더불어 급진적인 변화보다 점진적인 변화에 익숙합니다. 예를 들어, 부서간 화합을 위한 아이디어를 제시할 때 특별한 행동을 하거나 제도 자체를 바꾸자고 하면 부담스러워하기 마련입니다. 따라서 소소하게 시도할 수 있는 실현 가능한 방안부터 제시하는 것이 현명합니다. '부서간 업무를 통합하는 대규모 구조조정을 추진하겠습니다'라는 것보다는 '부서간 업무 협력을 강화하기 위해 소규모 파일럿 프로젝트를 시도해보겠습니다'라고 안정감에 무게를 둔 제안을 하는 것이 좋습니다. 이처럼 작은

시도를 통해 신뢰를 쌓고 점진적으로 확장하는 방식이 I형과 잘 맞습니다.

또한 I형은 저돌적으로 앞에 나서는 것을 좋아하지 않습니다. 스스로 총대 메는 것을 꺼리는 성향이 있으니 I형을 대신해 외향형 팀원이 나서서 실행하는 역할을 하는 방법도 찾아볼 수 있어요. 성과가 있을 때 I형은 크게 부각되지 않더라도 조용히 인정해주면 충분히 만족감을 느낍니다.

I형을 움직이는 보고서는 크게 외치는 것이 아니라 조용히 쌓아가는 과정에서 만들어집니다.

※ I형 보고서 스타일

(원안)

협력 중견기업의 경영 여건 파악과 조정

중견기업에 대한 새로운 협력 지향점 제시

과거에는 기업간 협업 역량을 대기업 위주로 구분했으나, 소규모이지만 경쟁력을 갖춘 강한 중견기업이 새로운 전략적 파트너로 부상하기 시작.

중견기업의 종업원 / 연간 매출별 분류

구분	A (1000억 이상)	B (500억 이상)	C (100억 이상)
A(100명 초과)	AA	AB	AC
B(50~100명)	BA	BB	BC
C(50명 미만)	CA	CB	CC

앞으로 지향해야 할 기업 모델을 대기업 중심에서 중견기업으로 전략적 전환과 모색을 강구해야 함.

전문적이고 투박한 표현이 자주 등장해 I형에게 어울리지 않는 무거운 느낌을 줍니다.

(개선안)

중견기업으로의 협력 전환

작지만 강한 중견기업에 대한 새로운 협력 관계 필요성 증대

과거에는 대기업 위주로 협력사를 선정해왔지만 규모가 작으면서 경쟁력을 갖춘 중견기업이 새로운 파트너로 등장하였음.

종업원과 연간 매출액에 의한 중견기업 분류

구분	A (1000억 이상)	B (500억 이상)	C (100억 이상)
A(100명 초과)	AA	AB	AC
B(50~100명)	BA	BB	BC
C(50명 미만)	CA	CB	CC

앞으로 협력해야 할 기업을 대기업 중심에서 중견기업으로 전환해야 할 것으로 판단됨.

딱딱한 느낌에서 벗어나 쉬운 문장을 활용해 보고서의 가독성을 더욱 높였습니다. 문장 자체에서 I형의 차분함과 정적인 무난함이 느껴집니다.

디테일의 신 강림하셨네

교육 담당 허둥대 씨는 보고서를 내밀었습니다. 이번에는 예리하고 꼼꼼한 서민감 팀장의 이른바 빨간 펜 지적을 피할 수 있을 거라 내심 자신만만했지요.

"다음 달에 시행할 '대리급 승진자 과정 교육 계획'입니다. 교육 내용과 소요 예산까지 검토를 마쳤습니다."

서 팀장은 여지없이 빨간 펜을 집어들었습니다. 첫 페이지에서 다음 페이지로 넘어가기까지 허둥대 씨는 시간이 느리게 흘러가는 듯한 긴장감을 느꼈습니다.

"허둥대 씨, 2페이지와 3페이지의 본문 글자 크기가 왜 다르죠? 앞은 12포인트 같은데 3페이지만 13포인트로 크게 되어 있는 이유가 뭐죠?"

"복사해서 붙여넣는 과정에서 실수한 것 같습니다."

"그리고 허둥대 씨, 혹시 이번에 승진하는 대리들과 친해요?"

"예? 무슨 말씀이신지……."

서 팀장은 빨간 펜으로 굵게 표시하며 지적했습니다.

"여기 봐요. '승진자 과정 교재'라고 적어야 하는데 '승진자 과정 교제'라고 써놨네요. 승진자랑 교제하려는 건가요? 회사에서 연애 프로그램이라도 운영하려는 겁니까? 보고서는 사소한 것 하나하나가 모여서 전체의 신뢰를 형성합니다. 작은 실수라고 방심했다간 심각한 결과를 초래할 수 있다는 것을 꼭 기억하세요. 내일 아침까지 완벽하게 수정해서 가져오세요."

허둥대 씨는 그저 고개만 끄덕댈 뿐이었지요.

여기서 잠깐! MBTI 체크포인트

✓ 무엇이 문제일까요?
세부 사항을 놓쳤어요.

- 사소해 보이지만, 작은 실수를 간과해서는 안 돼요.
- 작은 오류들이 쌓이면 보고서의 신뢰도가 크게 떨어질 수 있어요.
- 정확하고 민감한 상사에게 불완전한 보고서를 제시했어요.

✓ 어떤 유형인가요?
서민감 팀장은 S형입니다.

- 세부 사항과 현실적 문제에 집중하며 매사 꼼꼼해요.
- 구체적이고 명확한 데이터와 형식을 중요시해요.
- 작은 실수가 보고서의 질을 떨어뜨린다고 생각해요.
- 결과보다는 과정의 정확성과 세세함에 집착하는 경향이 있어요.

사소한 실수를 놓치지 마세요

S형은 작은 실수도 그냥 넘어가지 않는 디테일 마스터입니다. 사소한 부분이라고 가볍게 여겼다가는 큰코다칠 수 있어요. 보고서의 글자 크기, 표 정렬 방식, 숫자 표기 등이 일관되지 않으면 즉시 신뢰를 잃게 됩니다. 특히 오탈자나 단순한 표기 오류는 S형의 레이더망에 즉각 포착되어 지적 포인트가 되지요. 치명적인 오탈자는 집요하게 물고 늘어지는 경향이 있으니, 각별히 주의할 필요가 있습니다. 예를 들어, '2025년'을 '20025년'이라고 잘못 썼다면 S형 상사는 "미래에서 오셨나요?"라며 농담 섞인 지적을 할지도 모릅니다. 사내 메신저로 연락할 때 '팀장님'을 '팀장넘'이라고 쓰는 어처구니없는 실수를 했다면 바로 면담 요청이 들어올 수도 있지요.

따라서 S형 상사에게 보고서를 제출하기 전에는 내용의 거시적인 구조를 살펴보기에 앞서 미세한 부분부터 점검해야 합니다. 각 페이지의 서식, 맞춤법, 단위 표기까지 꼼꼼히 검토하세요. 맞춤법 검사기는 S형 상사를 상대할 때 최고의 조력자입니다. 작은 부분 하나도 빈틈없이 정리된 보고서는 S형 상사에게 신뢰감을 줍니다.

객관적이고 구체적인 정보를 제시하세요

S형은 추상적이고 모호한 설명보다 지금 당장 적용할 수 있는 구체적인 사안에 더 관심을 보입니다. '신규 고객을 대상으로 고객 만족도를 높이겠습니다'처럼 막연히 비전을 설명해봤자 그들에게는 의미가 없습니다. 그보다는 '신규 고객을 대상으로 20% 할인 쿠폰을 발송하고자 합니다. 예상 쿠폰

사용률을 15%로 가정할 때, 월 매출이 5% 정도 증가할 것으로 기대됩니다' 처럼 구체적인 수치와 명확한 실행 계획을 제시해야 합니다. S형은 추상적 문구나 모호한 결론을 '극혐'한다고 생각하면 됩니다.

　　회사의 잠재 성장률이 높아졌다면 왜 높아졌는지, 얼마나 높아졌는지, 그 근거는 무엇인지, 앞으로도 높은 성장률을 기대할 수 있는지 명확히 설명해야 합니다. 결론이 단순하더라도 이를 뒷받침하는 구체적인 근거를 보여주지 못하면 S형은 고개를 젓습니다. 특히 제안서를 심사하는 과정에서 S형 심사관을 만났다면 객관적이고 구체적인 콘텐츠를 제공하는지 여부가 평가를 결정짓는 중요한 요소가 될 수 있습니다.

경험을 살려 정확도를 기해주세요

　　S형은 지극히 사실적인 감각을 중시합니다. 무엇보다 지금 현재에 초점을 두고 실제 경험을 중요시하지요. 민감하지만 꼼꼼한 기질 덕에 일을 정확하고 철저하게 처리하는 편입니다. 이는 S형이 야무지다는 평가를 받는 이유이기도 합니다. 실제 경험과 사실적인 것에 기초해 설명하는 성향이다 보니 두루뭉술, 허허실실, 이상을 좇는 보고서는 그들에게 설득력을 갖지 못합니다.

　　우스갯소리로 S형을 'FBI'라고도 부릅니다. '미연방수사국'이 아니라 사실에 기초해 생각한다는 'FBI(Fact Based Idea)'란 의미이지요. 따라서 S형에게 사실 확인은 기본 중 기본입니다. 중요한 부분은 확인 과정을 두세 번 거칠 수도 있어요. 막연한 가능성보다 이미 검증된 데이터를 선호하기 때문에 보고서의 중요한 데이터는 반드시 이중 검토해서 정확성을 높여야 합니다.

　　성공 사례를 제시하는 것도 좋은 방법입니다. 이는 S형에게 강력한 설득력을 발휘하는 요소입니다. '우리 마케팅 전략은 매우 효과적일 것입니다'라고 막연히 주장하기보다는 '지난 분기에 SNS를 통한 마케팅 홍보에 주력한 결과, 2030세대의 구매욕을 불러일으켜 7% 매출 성장을 달성했습니다'처럼 구체적으로 기술해야 합니다.

구체적이고 객관적인 사실이나 사건에 충실한 보고서는 S형에게 높은 점수를 받을 수 있는 가장 빠른 길입니다.

※ S형 보고서 스타일

(원안)

신규입사자 교육 계획

Ⅰ 개 요

- 교육일시 : 20**. 08. 21(월) ~ 20**. 08. 31(목)
- 교육대상 : 대졸 87 명, 초대졸 20 명, 고졸 5명
  - 경력사원 과장 : 김 보고 외 3명 포함
- 교육장소 : 세종시 대회의실
  - 20**. 11. 24일 오전 10시 예정된 현장견학 학습잔행

Ⅱ 교육 내용

- 교육내용
  - 회사 소개, 조직별 역할 및 직무별 소개 등 조직적응 교육
  - CEO 특강, 직장인 기본자세, 직무 메뉴얼 등 기본소양 교육
  - 성희롱 등 4대 폭력예방, 정보보안 및 정보보호 등 법정의무 교육
- 교육비용
  - 총 비용으로 30,000,000원 소요
  - 인당교육비 : 구십일만삼천오백원(금913,500원)

그럴듯해 보이지만 자세히 들여다보면 표기법과 문장이 허점과 오류투성이입니다. 세부 사항에 집중하는 S형에게는 하나하나 지적 요소가 될 수 있지요.

(개선안)

> # 신규 입사자 교육 계획
>
> ## Ⅰ 개 요
>
> ☐ 교육일시 : 20**. 8. 21(월) ~ 8. 31.(목)
> ☐ 교육 대상 : 대졸 87명, 초대졸 20명, 고졸 5명
>   • 경력사원 과장: 김보고 외 3명 포함
> ☐ 교육 장소 : 세종특별자치시 대회의실
>   11월 24일 10:00에 예정된 현장견학 학습 진행
>
> ## Ⅱ 교육 운영
>
> ☐ 주요 교육 내용
>   ○ 회사 소개, 조직별 역할 및 직무별 소개 등 조직적응 교육
>   ○ CEO 특강, 직장인 기본 자세, 직무 매뉴얼 등 기본 소양 교육
>   ○ 성희롱 등 4대 폭력 예방, 개인정보 보호 등 법정의무 교육
>
> ☐ 소요 비용
>   ○ 총 비용으로 3천만 원 소요
>   ○ 1인당 교육비 : 금 913,500원(금 구십일만삼천오백 원)

공문서 표기법과 문장 작성 원칙에 맞게 고쳐봤습니다. S형은 이렇듯 사소하고 꼼꼼한 부분에 신경 써야 합니다. 아울러 아래 설명한 문서 작성 요령을 숙지하면 좋습니다.

1. 날짜를 쓸 때 연도는 반복하지 않고 월은 반복해서 씁니다. 월 앞에

'0'을 붙이지 않습니다.

2. 인원 숫자 다음에는 띄어쓰기를 하지 않습니다

3. 항목 다음에 문장부호 ':'을 사용할 때는 붙여 쓰고 한 칸 띄워줍니다.

4. '세종시'는 '세종특별자치시'로 공식 명칭을 씁니다.

5. 항목의 하위 항목을 만들 때는 두 개 이상 만듭니다. 외톨이 항목은 제거합니다.

6. 시간을 표현할 때는 '오전' '오후'라는 표현을 사용하지 않습니다. 하루 24시를 기준으로 작성합니다.

7. 문장이 중복되지 않도록 주의합니다. 하위 항목은 하위 개념의 용어를 사용합니다.

8. 한글 맞춤법 표기법에 따른 표준어를 사용하는 것은 기본입니다.

9. '교육 비용'보다는 '소요 비용'이라고 쓰고, 단위가 딱 들어맞을 때는 숫자와 단위를 구분해서 씁니다. 1인당 교육비는 숫자를 우선으로 표기합니다.

왠지 상상의 나래가 펼쳐져요

'효율적인 클레임 고객 응대 개선 방안'. 한직관 과장은 이정연 씨가 제출한 보고서의 제목을 보고 즉시 이정연 씨를 호출했습니다.

"이거 제목이 너무 일반적이고 당연한 것 아닌가? 좀 더 새롭고 창의적인 제목을 생각해봐! 이런 표현들……. 자네가 봐도 좀 밋밋하고 진부하지 않아?"

"제목을 인상적인 표현으로 수정해보겠습니다."

이정연 씨는 다음 날 수정안을 들고 다시 한 과장을 찾아갔습니다. '한번에 끝장내는 불만 고객 응대 개선 방안'. 내심 만족스럽지 않은 표정을 짓던 한 과장은 보고서를 덮으며 말했습니다.

"아, 좋은 생각이 났어요. 베스트셀러 중에 'MZ세대와의 소통법'이라는 평범한 제목을 '90년생이 온다'라고 고쳐서 대박이 난 책이 있잖아. 우리도 이것을 참고하면 어떨까? '진상 고객이 온다' 어때?"

> **여기서 잠깐!** **MBTI 체크포인트**

✅ **무엇이 문제일까요?**

객관적인 것은 좋지만 창의성이 부족해요.

- 일반적 표현보다 내용을 인상적으로 전달할 방법을 찾아야 해요.

- 기억에 남는 비유나 표현이 필요해요.

- 일상적으로 늘 접하는 표현은 상상력이 부족해 보여요.

✅ **어떤 유형인가요?**

한직관 과장은 N형입니다.

- 문제에 새로운 방식으로 접근하려는 경향이 있어요.

- 창의적, 비유적 설명으로 메시지를 전달하려고 해요.

- 아이디어는 풍부하지만 이를 데이터로 뒷받침하지 못해요.

내용에 창의적인 변화를 주세요

N형은 창의적 아이디어와 비유적 표현을 선호합니다. 직관이 발달했기 때문에 상상력이 풍부하고 자신의 예감과 감각을 신뢰하는 경향이 있지요. 논리적인 표현을 과도하게 사용하면 오히려 설득력을 잃을 수 있어요. 물론 보고서는 논리적이고 객관적인 설득력을 가져야 하지만, N형의 특성을 고려할 때 강조하고 싶은 부분에 비유와 독창적인 표현을 적절히 사용하는 것도 중요합니다.

예를 들어, '효율적인 클레임 고객 응대 개선 방안' 같은 논리적 제목도 좋지만 '폭풍의 바다, 고객 불만과의 전쟁'처럼 한 과장이 좋아할 만한 감각적인 제목을 고려해보는 건 어떨까요? N형을 대상으로 한 보고서라면 구조화된 정확한 전달보다 변화무쌍한 표현이 효과적일 수 있습니다.

참신한 의견으로 직관을 살려주세요

생각이 많고 창의적인 아이디어와 잠재적 가능성에 매력을 느끼는 N형은 아이디어를 구체적으로 뒷받침하는 논리나 데이터에 피로를 느낄 수 있어요. 계량적 수치나 많은 자료는 이들을 멈칫하게 만듭니다. 직관에 의한 상상력이 풍부한 이들은 추상적일지라도 새롭고 참신한 의견을 제시하는 것을 좋아하지요. 한마디로 N형 상사는 논리적인 보고서와는 지독하게 맞지 않습니다. 논리적으로 따져 묻는 것은 더욱 싫어하죠.

N형은 소설이나 에세이(수필)를 좋아하지 조직에서 일반적으로 통용되는 정형화되고 체계적인 문서는 선호하지 않습니다. 이런 이유로 보고서를 잘 못 쓰는 대표적인 유형이기도 하지요. 이들은 보고서보다는 광고 카피라이트나 유튜브 제목(섬네일)을 쓰라고 하면 신이 날 겁니다.

이런 특성을 가진 N형 상사이기에 이정연 씨는 고군분투할 수밖에 없는 상황인 것이지요. N형은 설득력보다 창의력을 발휘해보라고 요구합니다. 논리를 따지기보다는 참신한 표현으로 이들의 직관에 부응하는 편이 더 나은 선택입니다. 예를 들어, '최근 한 달 동안 민원 증가로 인한 응대 인력의 부족으로 민원 처리 담당 인력의 안정적 확충에 대한 요구가 기존보다 30퍼센트 증가했습니다'라는 표현보다는 '민원인과의 전쟁. 한 달간 폭발적으로 증가한 민원 때문에 민원 처리 담당 인력이 턱없이 부족해 안정적인 인력 충원 요구가 빗발치고 있습니다'라고 쓰는 것이 N형 상사에게는 훨씬 빠르게 받아들여집니다.

세부 내용보다 디자인에 주목하세요

직관이 발달한 N형 상사는 새로운 아이디어와 큰 그림을 중요하게 여깁니다. 전체적인 맥락을 이해하고 창의적 발상을 즐기는 만큼, 단순히 사실만 나열된 보고서보다는 이미지와 디자인이 담긴 보고서에 더 큰 호감을 가집니다. 전체적인 맥락을 중시하다 보니 이들의 시선은 세세한 곳까지 닿지 않습니다. 따라서 많은 자료를 나열하려는 시도는 N형 상사의 거부감만 불러일으킬 뿐입니다. N형이 선호하는 창의적인 비유와 다채로운 전개 방식은 보고서의 독특함을 돋보이게 하는 장치가 될 수 있습니다. 아이디어의 창의성을 살리되 구조적인 내용보다 이미지화한 보고서가 N형 상사의 마음을 사로잡을 수 있습니다. 한 가지 덧붙여, N형은 '올드(old)'한 콘셉트보다는 '신선한(new)' 콘셉트를 추구한다는 사실 또한 잊지 말아야 합니다.

※ N형 보고서 스타일

(원안)

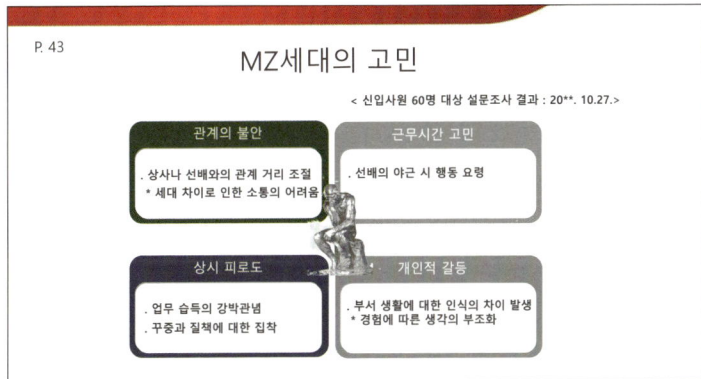

무난하지만 일반적이고 논리적인 표현이 많아 다소 진부한 느낌을 줍니다.

(개선안)

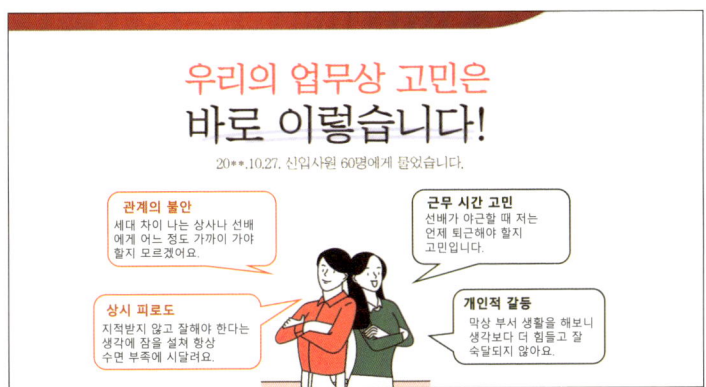

MZ세대의 문화적 코드와 특징을 고려해 자료를 직관적이고 창의적인 디자인으로 구성했습니다.

무엇보다 감정 표현이 중요해요!

감수성 부장은 감정적 판단으로 문제를 일으키는 경우가 가끔 있습니다. 장현실 대리가 준비한 보고서 '사회봉사 지원 프로그램 운영 방안'을 검토하기에 앞서 감 부장은 이렇게 말했습니다.

"장 대리, 사회봉사 프로그램을 잘 설계하는 것도 중요하지만, 진정한 봉사는 상대방의 마음을 움직이는 공감에서 시작된다고 봐요. 그런 진솔한 내용이 보고서에 반영되면 좋겠군요."

"부장님, 그 부분은 사전에 대상자들에게 설문조사를 실시해 교육 필요성이 높은 부분을 커리큘럼에 반영해두었습니다. 보고서 뒷부분에 관련 자료를 첨부했습니다."

"뭐 데이터도 좋지. 그렇지만 직원들이 사회봉사 활동을 하면서 느낀 행복감을 이야기하는 시간도 있으면 좋겠네요. 숫자보다는 진솔한 감정을 부각시켜서 다시 작성해보세요. 예를 들면, 사회봉사 프로그램을 진행하면서 우리 회사의 대외적인 이미지가 개선된 것은 물론 대상자들이 우리 회사로부터 사랑을 받았다고 느꼈다는 내용이 들어가면 좋을 것 같아요."

장 대리는 보고서를 제대로 읽어보지도 않고 느낌대로 판단하고 이야기하는 감 부장의 태도가 한없이 야속하게만 느껴졌습니다.

여기서 잠깐! MBTI 체크포인트

✅ **무엇이 문제일까요?**

개인의 감성을 무시하는 것은 곤란해요.

- 객관적 판단도 좋지만 개인적인 감성을 고려해줘야 해요.
- 사실적인 데이터보다 감성적인 영역을 중요시하는 경우가 있어요.
- 이성적 시각에 갇혀 감성적 접근을 간과합니다.

✅ **어떤 유형인가요?**

감수성 부장은 F형입니다.

- 인간관계와 조화를 중시하며 의사결정 시 타인의 감정을 중요시해요.
- 개인의 가치와 감정을 판단 기준으로 삼으며, 논리보다 감정을 앞세웁니다.
- 사람들 사이의 감정적 요소와 분위기를 중요하게 생각해요.

균형감을 유지하되 감정을 고려하세요

F형은 타인의 감정에 민감하고 공감을 중시합니다. 보고서를 작성할 때도 자신의 감정과 느낌에 따라 정서적인 내용으로 구성하려는 경향을 보이

지요. 보고서 작성의 핵심은 중요한 데이터나 객관적 사실이지만 F형에게 이런 논리적 보고서는 먹히지 않습니다. 이들을 대상으로 한 보고서는 논리적 설득력에 감정적 흐름을 덧대어 균형 있게 결합시키는 것이 중요합니다. 이성적 논리와 감성적 정서가 함께해야 하는 것이지요.

예를 들어, 사회봉사 프로그램에 대한 보고서라면 설득력을 얻기 위해 설문조사 결과에 기반한 구체적인 근거(설문, 인터뷰 결과)를 명시하는 데 주의를 기울이겠지만, 보고서를 통해 감동을 주고 싶다는 막연한 감정 또한 무시해선 안 됩니다. 인터뷰나 설문 결과를 논리정연하게 정리하더라도 감동을 주는 다양한 이야기를 덧붙인다면 F형 상사의 호응을 쉽게 얻을 수 있습니다.

또한 보고서를 결재 받을 때도 F형의 감정과 분위기에 맞춰주어야 해요. 그들은 감성에 민감하잖아요. 상대방의 희로애락을 잘 파악해 적절하게 매칭해주는 것이 좋습니다. 기분(감성)이 고조되어 있는데 지극히 논리적으로 접근하면 자칫 찬물을 끼얹은 꼴이 됩니다. 감정적인 F형의 성향에 휘둘리지 않도록 주의하되 그들의 판단을 믿어보는 지혜가 필요합니다.

온정적인 표현과 더불어 측정 가능한 내용을 보완하세요

따뜻하고 인간적인 표현을 자연스럽게 사용하는 것은 F형의 특징입니다. 따라서 분석적이고 객관적인 보고서를 작성할 때도 F형 상사를 대상으로 한다면 감성적 요소를 적절히 반영하는 것이 좋습니다. 보고서를 작성할 때 지나치게 감성적인 서술은 자칫 독이 될 수 있지만, 논리적 표현이 뒷받침된다면 취약성을 얼마든지 극복할 수 있습니다. F형 상사를 위한 보고서에는 논리성에 감성적인 기술을 더할 것을 권합니다.

가령, 결과 등을 서술할 때 그러한 결과가 이루어지기까지 과정을 보여주는 측정 가능한 데이터를 첨부하는 것은 물론 감정적인 기대감에서 비롯된 효과를 덧붙여 설명하는 것이지요. 예를 들어, '회사의 사회봉사 프로그램은 사후 모니터링과 설문조사를 통해 그 결과를 정기적으로 평가할 예정입니다'라고 분석적으로 설명하는 데 그치지 말고 '사회봉사 프로그램은 대상 기관에 직접적인 도움을 제공함으로써 대외적으로 회사의 이미지를 개선하는 것은 물론 회사에 대한 직원들의 만족도를 높이는 데 기여할 것입니다. 이러한 결과는 정기적으로 사후 모니터링과 설문조사를 통해 평가할 예정입니다'라고 기술해 해당 프로그램이 회사의 성과에 어떻게 기여할지 구체적으로 설명하는 게 효과적입니다.

아울러 이야기를 좋아하는 F형 상사의 성향을 반영해 보고서에 사례나 경험 등의 이야기나 이미지 자료를 추가해 스토리텔링을 더해보는 것도 좋은 방법입니다. 위에 예시한 사회봉사 프로그램에 대한 보고서라면 직원 감동 사례를 더하고 적절한 사진 자료를 첨부한다면 감성적인 F형의 적극적인 반응을 이끌어낼 수 있을 겁니다.

F형 상사들은 느낌을 중시해요. 감성에 민감하고 보고서의 작은 내용에도 예민함을 드러내기 때문에 그들의 감정적 기조를 반영하면서 논리성을 보강해줘야 합니다. 감정적 배려가 전혀 없는 보고서에는 무관심할 수 있고, 감성적 자극을 잘하면 감동 받은 보고서가 될 수 있다는 사실을 알아두세요.

피드백에 개인 감정으로 반응하지 마세요

F형 상사가 감정형이라고 그들의 피드백을 감정적으로 받아들여서는

안 됩니다. 보고서를 수정하라는 요청을 '내가 부족한가?'라고 감정적으로 해석하지 말고 보고서의 질을 높이기 위한 과정으로 이해하면 좋습니다. 상대방의 피드백을 냉정하고 객관적으로 수용하고, 이를 어떻게 논리적으로 개선할지 검토하는 지혜가 필요합니다. 상대방의 피드백을 비판이 아닌 발전의 기회로 이해하고 보고서를 개선할 방향을 명확히 설정하는 것이 감성의 오류를 막는 길입니다.

"제가 이 부분을 열심히 준비했는데 굳이 수정할 필요가 있나요?" 이런 표현은 상대방의 수정 요구를 지극히 감정적으로 받아들였다는 인상을 주기 쉽습니다. 실무자에게 이런 말을 들은 상사는 심기가 불편해질 수밖에 없지요. 그보다는 "말씀하신 내용을 반영해서 추가 사항을 보강하겠습니다"라는 식으로 대응하는 것은 어떨까요. 감성에 민감한 F형이기에 피드백을 긍정적인 발전의 기회로 이해해서 감정적 충돌을 방지해야 합니다. 그래야 보고 과정에서의 갈등을 자연스럽게 피할 수 있습니다.

비판은 상대방의 감정을 건드리려는 것이 아니라 더 나은 결과를 위한 피드백이라는 점을 잊어서는 안 됩니다.

※ F형 보고서 스타일

(원안)

온 가족이 모든 보장을 단 하나의 상품으로
'원스톱' 가족 통합 보험

< 상품 특징 >

1. 총 40여 개의 다양한 특약으로 고객이 원하는 보장 부분만을 선택 조합하여 상품을 설계함으로써 폭넓은 고객 맞춤형 상품을 제공합니다.

2. 단 하나의 보험으로 본인과 배우자, 자녀 2명까지 가입할 수 있고 가능한 한 동일한 보험 혜택을 온 가족이 받을 수 있습니다.

3. 노후에는 납입한 보험료가 최대 50% 까지 연금으로 전환되어 노후보장자산 관리금액으로 활용할 수 있습니다.

4. 기존 80세까지 적용되던 수술, 입원 특약을 100세까지 연장할 수 있으며 특약 보장 시 실제 의료비 전액 환불받을 수 있도록 합니다.

5. 긴급자금이 필요할 땐 일정 금액 이상을 중도 인출을 할 수 있어 보다 융통성 있는 자금 관리와 활용이 가능합니다.

상품 기획서로서 구색을 갖췄으나, 상품 특성만 구구절절 늘어놓은 투박한 설명입니다.

(개선안)

온 가족이 모든 보장을 단 하나의 상품으로
'원스톱' 가족 통합 보험

< 상품 특징 >

1. **다양한 특약으로 폭넓은 맞춤형 보장 혜택**
   총 40여 개의 특약 구성 중 고객이 원하는 보장 부분만 선택 조합하여 상품을 설계함으로써 고객 맞춤형 상품을 제공합니다.

2. **하나의 보험으로 온 가족 모두 보장**
   단 하나의 보험으로 본인과 배우자, 자녀 2명까지 가입할 수 있고 동일한 보험 혜택을 받을 수 있습니다.

3. **노후 보장 및 연금 혜택 추가**
   노후에는 납입한 보험료가 최대 50%까지 연금으로 전환되어 이를 노후 자산 관리금으로 활용할 수 있습니다.

4. **100세까지 수술 및 입원 특약 보장 혜택**
   기존 80세까지 적용되던 수술, 입원 특약을 100세까지 연장할 수 있으며 실제 의료비를 전액 환불받을 수 있습니다.

5. **중도 인출 기능 부여**
   긴급자금이 필요할 때 일정 금액 이상 중도 인출할 수 있어 보다 융통성 있는 자금 관리와 활용이 가능합니다.

고객의 감성을 고려해 창의적인 상품명을 살리면서 내용을 항목별로 정리했습니다. 개조식 키워드를 사용하고 부드러운 서술식 문장으로 뒷받침해 정서적인 표현과 논리가 결합된 느낌입니다.

때로는 논리적으로, 때로는 쪼잔하게

고분해 씨는 업무용 구형 프린터가 계속 문제를 일으키자 최신 네트워크 프린터로 교체할 것을 제안하는 '업무용 프린터 교체 건의'라는 기안서를 작성했지만, 꼼꼼하기로 유명한 소정밀 이사에게 어떻게 결재를 받을지 걱정입니다. 아니나 다를까, 기안서를 받아 든 소 이사의 질문 폭탄이 쏟아집니다.

"고분해 씨, 기존 프린터에 정확히 어떤 문제가 있습니까? 구체적으로 설명해보세요."

"네, 이사님. 출력 속도가 느리고 고장이 잦아 문서가 배출되지 않을 때가 많습니다."

"속도가 얼마나 느리지요? 문서 1페이지 출력하는데 정확히 얼마나 걸리나요?"

"현재 프린터는 1페이지 출력하는데 평균 12초가 소요됩니다. 반면 네

트워크 프린터는 5초 정도 걸릴 것으로 예측됩니다."

"그렇군요. 그런데 고장은 얼마나 자주 발생합니까?"

"지난 3개월 동안 10회 이상 유지보수 서비스를 받았습니다. 부품 교체와 수리로 인해 업무가 자주 중단됐습니다."

고분해 씨는 질문 폭탄이 언제 끝날까 생각하자 짜증이 났습니다. 쏟아지는 질문에 겨우겨우 답을 한 그에게 소 이사가 마지막 한방을 날립니다.

"그런데 프린터를 교체하는 게 정말 최선입니까? 기존 프린터와 새로 구입하려는 프린터의 차이점을 구체적으로 비교하는 자료를 준비해 오세요. 비교우위가 확실히 검증되면 승인하죠."

고분해 씨는 기안서 하나 쓰면서 체력이 바닥나는 것만 같습니다.

여기서 잠깐! MBTI 체크포인트

✓ 무엇이 문제일까요?

논리적 검증으로 피로감이 쌓이고 있어요.
- 논리적 데이터와 수치 위주의 접근은 상대방을 지치게 해요.
- 파고드는 듯한 상대방의 논리에 적절히 대응하는 인내심이 필요해요.
- 논리적으로 따지는 상대방의 의욕에 제대로 대응하지 못하고 있어요.

✓ 어떤 유형인가요?

소정밀 이사는 T형입니다.
- 객관적 데이터와 사실에 기반해 문제를 분석하고 해결책을 도출해요.
- 추상적이거나 감성적인 표현은 설득력이 떨어진다고 생각해요.

- 계량적 수치, 근거 자료, 검증된 데이터 등 논리적 구조가 빈틈없이 제시되는 것을 중요시해요.

데이터로 말하세요

T형은 구체적이고 검증된 데이터에서 보고서의 설득력을 찾습니다. 계량적 수치를 논리적 근거의 핵심이라고 생각하는 경향이 있어요. 정확하고 객관적인 내부 경험이나 실질적인 테스트 자료가 포함되면 보고서의 신뢰를 높일 수 있습니다. 반대로 논리적 검증이 부족할 경우, T형은 지속적으로 의문을 제기하고 세부 사항을 꼬치꼬치 따지며 하나하나 분석합니다. 논리에는 논리로 대응해야 한다는 말이 있지요. 이런 문제를 방지하려면 객관적이고 논리적이며 이성적인 표현을 사용해야 합니다. 그 답은 데이터에 있습니다. '평균 출력 속도가 단축되었습니다'라는 표현보다 정확한 근거를 바탕으로 '내부 테스트 결과, 평균 출력 속도가 분당 15페이지로 기존 속도보다 20% 향상됐습니다'라고 정확한 근거를 바탕으로 기술합니다.

또한 T형은 모호한 추정이나 근거 없는 예상 가능성에 기반한 주장보다 검증된 정보와 사실을 더 신뢰합니다. 보고서에 포함된 모든 내용은 실제 경험한 사례와 검증된 데이터를 기반으로 작성해야 합니다. 막연하고 뜬구름 잡는 내용, 확실하지 않은 정보, 출처가 불분명한 정보는 T형이 가장 싫어하는 요소입니다.

비교를 통한 비교우위를 제시하세요

T형 상사는 의사결정 과정에서 비교와 더불어 차이점을 명확히 제시하는 것을 선호합니다. 즉, 정성적 결과보다는 정량적 비교가 포함된 보고서에 매력을 느낍니다. 전후 비교, 특성 비교, 항목별 비교 등은 T형이 보고서에 자주 사용하는 논리적 접근법입니다. 특히 비교 항목의 경우, 도표나 그래프로 시각화하면 더욱 설득력을 높일 수 있습니다.

회사에 새로운 서버 시스템을 도입하기 위해 검토 중인 상황을 가정해 봅시다. T형의 특성을 고려하면 다음과 같은 식으로 설명할 수 있습니다.

"기존 오프라인 시스템은 월평균 유지보수 비용이 50만 원인데, 클라우드 기반 시스템을 도입할 경우 월 유지보수 비용이 20만 원으로 줄어들 것으로 예상됩니다."

"기존 시스템에 신규 기능을 추가하면 평균 소요 시간이 5일인데, 클라우드 기반 시스템을 도입한 후 기능을 추가하는 데 소요되는 시간은 평균 1일로 단축될 것으로 예상됩니다."

"기존 서버의 다운타임은 월평균 8시간인데, 클라우드 기반 시스템을 도입한 후 예상되는 다운타임은 월평균 2시간 이하로 감소할 것으로 예측됩니다."

체계적인 접근 방법을 제시하세요

T형은 분석의 달인입니다. 논리적 사고를 기반으로 한 단계적, 체계적 접근 방법을 중시하지요. 단순히 목표나 가설을 설정하는 것을 T형은 선호하지 않습니다. 이들은 분석에 있어서만큼은 그 누구보다 치밀하며 공정합니

다. 이를 위해 다양한 분석 방법이나 도구를 활용하기도 하죠. 경영 전략과 사업 타당성 분석에는 SWOT 분석을 활용하고, 문제 해결을 위한 근본 원인을 파악하는 도구로서 5WHY 분석 등을 사용하고, 시각적으로 타임라인과 각종 차트 분석 도구를 활용하기도 합니다. 분석 결과가 예상과 다르면 즉시 재검토한 뒤 다시 논리적으로 분석해 적절히 수정, 보완합니다. T형이 경영 분석, 재무 분석, 회계 분석 등에 강하다고 말하는 것은 바로 이런 면 때문입니다.

T형은 논리적이고 분석적이며 합리적인 장점이 있는 반면에 사소한 논리에 집착하고 지엽적인 면에 신경 쓰는 모습을 보입니다. 따라서 이들을 대상으로 한 보고서는 사소한 논리 부분에도 신경을 써야 하고, 특히 이유나 근거 등의 분석 부분에서는 명확하게 해명할 필요가 있습니다. 그 부분이 확실해질 때까지 자꾸 따져 물어서 실무자가 괴로울 수 있기 때문이지요.

앞서 예시한 프린터를 교체하는 기안서의 경우, 분석 결과에 따른 실행안이 있었으면 손쉽게 결재를 받았을 겁니다. 예를 들어볼까요? 가령 프린터 교체가 왜 필요한지 사용자들의 의견을 분석한 자료가 있으면 좋습니다. 기존 프린터가 왜 자꾸 고장이 나는지 원인을 철저히 파악하고, 더불어 새로 구입하려는 프린터에 대한 각종 사항과 예상되는 조치들을 철저히 다뤄야 합니다. T형 상사는 다루는 문제에 대해 속시원히 설명해주는 분석 자료 등을 원합니다. 그냥 넘어갈 수 있는 것도 하나하나 따지고 들지요. 따라서 T형 상사를 대상으로 한 보고서는 세세한 곳까지 철저히 대비하는 치밀함이 필요합니다. 필요하면 체크리스트를 작성해보는 것을 권장합니다.

보고서를 작성할 때 T형이 싫어하는 대표적인 표현이 있습니다.

어느 정도 진행됐습니다. (진행 상황을 수치로 표현해야 함)

그 선에서 확보 가능합니다.(정확한 자료를 제시해야 함)

대체로 그렇습니다.(데이터가 명확해야 함)

만족도가 높아질 것으로 보입니다.(구체적인 기준을 제시해야 함)

의미 있는 개선이 이루어질 듯합니다.(개선 수치를 포함해 실질적인 내용을 제시해야 함)

위와 같은 모호한 표현이나 주관적 감정 표현은 자제해야 합니다.
T형은 보고서를 검토할 때 검증된 사실을 기반으로 논리를 따져본다는 것을 꼭 기억해야 합니다.

※ T형 보고서 스타일

(원안)

집중호우 관련 상황 보고

□ 개요
  8월 2~3일 사이 북태평양 고기압의 가장자리가 강원도 일대에 위치하면서 태풍으로부터 뜨겁고 습한 공기가 유입되어 집중호우가 내림.

□ 피해 상황
  8.4일 06:00 현재 중앙재해대책본부 공식집계에 따르면 인명피해로
  사망자 7명(산사태 매몰 5명, 건물붕괴 2명)과 부상자 6명이 발행함.
  도로 9, 교량 2, 하천 22, 기타 20개소의 공공시설물 53개소가 파손됨.
  주택 28채와 48대의 차량, 가축 139마리도 이번 집중호우로 떠내려감.
  현재 7번 국도와 서울-춘천간 고속도로가 통제되고 있음.

□ 향후 계획
  중앙대해대책본부는 침수 주택 및 농작물 등 방제작업을 실시하고
  피해 현황을 정확하게 집계하여 정밀 피해조사를 하는 한편,
  응급구호 및 수재민 발생에 대비한 본격적인 피해복구 작업에 나설 계획임.

(보고 일시 : 20**년 8월 4일 12시)

보수적 형식에 맞춰 작성된 보고서로, 보고서 항목이 일반적이며 세부 내용까지의 논리적 구조가 약해 보입니다. 항목 아래 내용이 곧바로 시나리오식으로 표현돼 보고서가 느슨해졌습니다.

(개선안)

집중호우 관련 상황 보고

20★★.8.4.(목) 12:00

☐ **호우 상황**
　8월 2~3일 북태평양 고기압의 가장자리가 강원도 일대에 위치하면서 태풍으로부터 뜨겁고 습한 공기가 유입돼 집중호우 발생

☐ **주요 피해 현황** (8월 4일 06:00 중앙재해대책본부 공식 집계)
　○ 인명 피해 : 사망 7명(산사태 매몰 5명, 건물 붕괴 2명), 부상 6명
　○ 공공시설 : 도로 9, 교량 2, 하천 22, 기타 21개소
　○ 사유시설 : 주택 28채, 차량 48대, 가축 139마리

　※ 현재 국도 1개소(7번 국도)와 서울-춘천 간 고속도로 통제 중

☐ **추후 조치 계획**
　　○ 피해 현황 집계 후 정밀 피해 조사
　　○ 침수 주택 및 농작물 등 방제작업 실시
　　○ 응급구호 및 수재민 발생에 대비한 본격적인 피해복구 작업

집중호우에 관련된 상황을 짜임새 있게 구성했습니다. 해당 내용들이 논리적으로 무난하게 정리됐습니다. 항목과 내용의 비중을 조절해 한 장으로 논리정연하게 표현한 보고서입니다.

정성껏 썼는데 제멋대로 변경을!

"오 과장, 오늘 보고서를 보기로 했는데 내일로 미룹시다. 갑자기 고객 미팅이 잡혀서요. 벌써 퇴근 시간이 다 되었군요. 이제 퇴근하세요."

오진득 과장이 몇 주 동안 준비한 보고서의 결재를 앞두고 유연한 부장이 말합니다. 갑자기 기운이 빠지는 오 과장. 하지만 어쩔 수 없습니다. 유 부장은 언제 다시 보고하라는 말도 하지 않습니다.

며칠 후, 유 부장이 오 과장을 호출합니다.

"오 과장! 보고서는 어느 정도 됐어요? 금요일로 예정되었던 회의가 내일로 당겨졌어요. 오늘 오후까지 볼 수 있지요?"

"오늘 오후요? 네, 부장님. 금방 보고드리겠습니다."

자리로 돌아온 오 과장. 보고서를 들고 유 부장에게 급히 가져갑니다.

"부장님, 성과 분석 보고서 준비됐습니다."

"오 과장, 이 보고서는 너무 정석대로 풀어나간 것 같군요. 이것보다는 좀 더 파격적인 기준으로 현실을 파악해보는 게 좋을 것 같은데……. 매출 실적 자료만으로 판단하지 말고 직접 현장의 FGI(그룹 인터뷰)도 하고 매장도 방문하세요. 그런 다음 충분히 시간을 두고 다시 작성해봅시다."

오 과장은 그때그때 자기 마음대로 바꿔대는 유 부장에게 보고서를 던져버리고 싶습니다.

여기서 잠깐! MBTI 체크포인트

✓ 무엇이 문제일까요?

단계적, 체계적 접근법이 유연성과 부딪쳐요.

- 즉흥적이고 돌발적인 지시가 많은 상사에게 원칙대로 대응했어요.
- 변화무쌍한 상황에 미처 대응하지 못했어요.
- 기분에 따라 판단과 결정을 번복하는 상사에게 피로감을 느끼고 있어요.

✓ 어떤 유형인가요?

유연한 부장은 P형입니다.

- 그때그때 상황에 따라 유연하게 대처하는 경향이 있어요.
- 마감 직전에 몰아치는 스타일로, 벼락치기가 잦아요.
- 계획을 세우기보다는 즉흥적으로 생각하고 행동하는 것을 선호해요.

P형의 유연한 사고에 동참하세요

P형은 유연한 사고와 순발력 있는 상황 대응이 강점이지만, 마감이 다

가올 때까지 일을 미루는 습관이 있습니다. 마감일이 되면 집중해서 어떻게든 해낼 거라고 생각하며, 자신의 즉흥적 대처 능력을 신뢰합니다. P형은 특히 급변하는 상황에 대응하거나 문제를 해결하는 내용의 보고서를 작성하는 데 탁월한 역량을 발휘합니다. 그러나 결과를 분석하거나 프로젝트 보고서처럼 충분한 준비와 시간을 요하는 보고서를 작성할 때는 벼락치기식 작성으로 내용이 부실해질 가능성이 큽니다.

이들을 위한 보고서를 작성할 때는 우선 P형의 융통성 있는 사고와 유연한 대응 능력을 인정해야 합니다. 최종 마감일을 기준으로 계획적이고 체계적으로 움직이는 패턴을 버리고 중간중간 P형 상사의 상태와 상황을 고려해 변화에 적응하며 보고서를 작성하는 데 익숙해져야 합니다. P형 특유의 예측 불가능한 행동에 논리적으로 대응하는 것은 불가능합니다. 그들의 유연성에 동참해보세요.

예를 들어, 보고서 마감 시한이 금요일이어도 상사가 수요일이나 목요일 밤에 갑자기 보고서를 보자고 할지도 모르니 미리미리 순발력 있게 준비하는 지혜가 필요합니다. P형에게는 지긋하고 계획적인 스케줄은 없다고 봐야 합니다. 월요일까지 초안을 작성하고, 수요일까지 데이터 분석 결과를 보완한 후 목요일에 최종 검토한다는 식으로 마감일 전 중간 점검과 보고 일정을 계획해도 P형은 이를 변경하고 틀어버리는 일이 다반사입니다. 그들의 변칙에 적응하지 못하면 가끔 짜증이 나기도 하지요. 철저한 스케줄링보다 P형 상사의 심기와 분위기를 파악해 그때그때 적절한 대응책을 강구하는 게 나을 수도 있어요. P형 상사의 행동을 미리 예상해보고 그에 맞는 유동적인 대비책을 강구해보는 것도 좋습니다.

체계적인 것보다 느낌대로 정리하세요

P형 상사는 다양한 아이디어와 새로운 접근 방식을 좋아합니다. 그래서 보고서에서도 자유롭고 창의적인 전개를 반기지만, 정작 핵심이 잘 드러나지 않으면 아쉽다는 반응을 보이기도 합니다. 따라서 초반부터 꼼꼼하게 세부 내용을 정리하기보다는 생각을 가다듬은 후 핵심 메시지를 먼저 제시하는 것이 효과적입니다. 큰 줄기를 먼저 보여주고, 그다음에 이를 뒷받침하는 흥미있고 구체적인 사례를 덧붙여주면 P형은 흐름을 쉽게 따라옵니다.

예를 들어, 성과 보고서를 작성한다면 '기업 브랜드 인지도가 일정 부분 향상되었다'라는 식으로 지난 성과를 설명한 다음, 어떻게 그런 결과가 나왔는지, 소비자 반응은 어땠는지, 관심을 끌 만한 자료를 통해 구체적으로 어떤 성과가 있었는지를 설명합니다. 이렇게 하면 P형 상사는 아이디어의 다양성 속에서 자신이 원하는 보고서의 내용을 찾고 이해할 수 있습니다.

개성이 강한 P형 상사는 정형화된 접근을 좋아하지 않습니다. 즉, P형 상사를 위한 보고서는 '느리더라도 제대로'라는 마음으로, 핵심을 정리한 후 자유롭게 살을 붙이는 방식이 가장 설득력 있습니다. 핵심과 디테일의 균형을 잡아주면 P형 상사로부터 창의적인 유연성을 존중받으면서도, 실제로 의사결정에 활용할 수 있는 명확한 정보를 얻을 수 있습니다. P형의 자유로운 느낌을 받아들이고 그 느낌에 자연스럽게 동참해보는 것도 좋은 방법이지요.

상황에 유연하게 대응하고 보고서의 가시성을 높여주세요

P형 상사는 '마음 가는 대로', '유동적인', '대충' 같은 단어와 잘 어울릴 만큼 자유롭고 유연한 접근을 좋아합니다. 그래서 완벽하게 다듬어진 문서보다는 새로운 시도와 즉흥적인 발상을 담은 보고서에 흥미를 느끼지요. 따라서 P형 상사에게 통하는 보고서를 쓰려면, 세부 사항을 완벽하게 맞추는 데 몰두하기보다는 전체적인 큰 그림과 논리의 흐름이 매끄럽게 이어지도록 하는 것이 우선입니다. 수치와 자료를 꼼꼼히 나열하기보다는, 중요한 메시지를 간결하게 제시한 뒤 뒷받침하는 사례나 데이터는 부록이나 첨부 문서에 정리해두는 편이 효과적입니다. 이렇게 하면 P형 상사는 흐름을 놓치지 않으면서도 필요한 자료를 빠르게 확인할 수 있습니다.

보고서를 제출하는 상황도 중요합니다. P형 상사는 보고서를 처음부터 끝까지 차근차근 듣기보다 중간에 페이지를 넘기며 핵심만 확인하려는 경향이 있습니다. 따라서 보고자는 보고서의 진행 속도와 상사의 반응을 살펴가며 유연하게 설명을 조정해야 합니다. 핵심 메시지를 먼저 짚고, 이후 세부 내용을 상황에 맞춰 덧붙이는 방식이 훨씬 설득력 있습니다.

한마디로, P형 상사가 좋아하는 보고서는 완벽하게 다듬어진 문서라기보다 핵심을 빠르게 파악하고 상황에 맞게 관심사를 짚어가는, 살아 있는 문서여야 합니다. 큰 그림 속에서 필요한 메시지를 분명히 제시하면서 상황 대응까지 고려한다면 P형 상사의 성향에 꼭 맞는 보고서가 될 것입니다.

한편 P형은 현실적인 유연함으로 눈에 띄는 보고서 작성에 강한 면모를 보입니다. 말하자면 가시성이 높은 시각 자료를 작성하는 데 능하지요. 파워포인트 슬라이드를 가장 개성있게 꾸미는 것도 P형의 특징입니다. P형 상사에게는 보고서의 색깔이나 이미지, 그리고 도형 하나가 중요할 수도 있습니다. 진부해 보이는 자료는 싫어하기 때문에 최신 문서 작성 트렌드를 반영하고, 상대방이 좋아할 만한 문서 스타일을 활용하는 것도 필요합니다.

※ P형 보고서 스타일

(원안)

하반기 매출 현황

(단위: 억 원)

구 분	7월	8월	9월	10월	11월	12월	월별 증가율(%)
계	246	252	257	207	275	280	2.57%

단순한 도표는 보고서 자체의 유연성이 떨어지고 밋밋한 느낌을 줍니다.

(개선안)

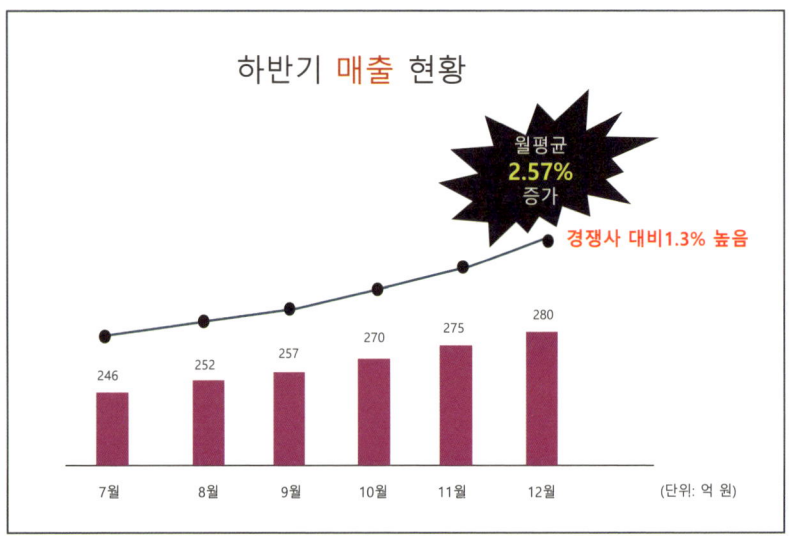

　이미지화된 그래프를 써서 매출 추이 현황을 변화있게 강조했으며, 증감 결과의 정도를 표시해 유연한 감각을 살렸습니다.

미리 정해놓은 '답정남'이었군요

정확한 팀장은 누구보다도 철두철미한 사람입니다. 무대응 씨의 '컴퓨터 장비 구매 계획'에 대해 보고를 받은 정 팀장은 미리 예측하고 준비해놓은 내용을 바탕으로 질문을 쏟아냅니다.

"이런 속도로 일해서 기한 내 마감할 수 있겠어요? 계획상 힘들 것 같은데요. 도대체 그동안 중간 보고도 하지 않고 뭐했어요? 기한 내 못 할 것 같으면 지금이라도 말하세요. 담당을 바꿀 테니까……."

"팀장님, 해당 컴퓨터 장비는 AI 기술이 도입되어 1주일 전에 개선된 모델을 새로 출시할 계획이라는 발표가 있었습니다. 기다렸다가 사는 게 낫다고 판단해서 아직 최종 보고서를 제출하지 않은 겁니다."

"만약 그 제품이 계획된 날짜에 출시되지 않으면 어떻게 할 건가요? 출시 계획이 틀어지면 어떻게 할 것인지에 대한 대비책도 없이 도대체 뭐하자는 겁니까? 그렇게 판단력이 떨어지고 그때그때 처리하니까 기한 내 일을 마무리하지 못하는 겁니다. 정말 답답하군요."

무대응 씨는 정 팀장의 한 마디 한 마디에 아무런 말도 할 수 없었습니다.

 MBTI 체크포인트

✅ **무엇이 문제일까요?**

최신 정보만 챙기다 정확도와 계획성 있는 일처리를 소홀히 했어요.
- 유연하게 대처하려다가 오히려 정해진 계획과 판단에 차질이 발생할 수 있어요.
- 정확하게 체크해야 할 것은 반드시 챙겨야 해요.
- 중간 과정에 제대로 대응하지 못했어요.

✅ **어떤 유형인가요?**

정확한 팀장은 J형입니다.
- 체계적인 계획을 세우고, 일정 관리를 철저히 해요.
- 단계적 절차를 중시하며, 마감 기한을 철저히 지켜요.
- 계획이 틀어지는 것을 싫어하며, 후속 계획을 세우려 해요.

유연성은 고수하되, 계획성 있게 접근하세요

J형은 계획과 체계적인 접근을 선호합니다. 보고서를 작성할 때도 초반부터 명확한 일정과 구체적인 프로세스를 명시하고 이를 그대로 실행하는 것을 중요하게 여기죠. 하지만 지나치게 계획을 고수하다 보니 기존 계획에 차질이 생길 경우 불안해하며 변화를 받아들이는 데 소홀히 할 우려가 있습니다.

보고서를 제출하기 전에 최신 정보가 반영되었는지 한 번 더 점검하는 유연성을 발휘한 것은 적절했습니다. 다만 계획성 있는 J형 상사의 특성을 고려해 향후 스케줄을 고려하면서 변화하는 환경에 유연히 대처할 수 있도록 우발 상황 대응이나 후속 대책에 대한 조치를 취했으면 별문제 없었을 겁니다.

J형에게는 "계획대로 진행했는가?" 하는 질문이 무엇보다 중요합니다. 보고서를 제출하기 전에 해당 정보나 내용들이 질서 있게 정돈되고 잘 짜여 있는지 점검해 J형의 신뢰를 얻어야 합니다.

잘 짜인 방식대로 진행하며 플랜 B를 준비합니다

J형은 데이터를 정확하고 체계적으로 정리하는 능력이 뛰어납니다. J형을 '계획형 인간'이라고 부르는 이유가 여기에 있습니다. 이렇듯 계획적인 부분에 강하다 보니 시스템적이고 단계적인 것을 선호해 자칫 큰 그림만 강조하거나 결과론적인 부분에 치우치면 문제가 생길 수 있습니다.

무대응 씨가 작성한 보고서는 제품 구매 계획에 대한 전반적인 사항은 잘 파악했지만, 그 과정에서 발생하는 변수를 놓쳤습니다. 이러한 변수 또한 계획성 있게 준비해야만 안심하는 게 J형입니다. 여행지에 가서 방문하기로 계획한 맛집이 문을 닫았을 때 차선책으로 갈 곳을 생각해놓아야 하는 것이죠. 컴퓨터를 구매하는 상황도 마찬가지입니다. 사전에 파악한 정보를 바탕으로 철저한 구매 계획을 세워야 합니다. 최신 기종 컴퓨터를 선정하는 것은 물론 출시 일정이 미뤄져 문제가 생길 경우에 대비해 그에 따른 계획 또한 마련해놓아야 합니다.

정리해볼까요. J형은 답답할 정도로 정해진 계획에 따라 움직이는 것을 좋아합니다. 혹시 계획이 틀어지더라도 플랜 B, 플랜 C 등을 마련해 그에 따라 해결해나가려고 합니다. 계획된 대로 움직이는 정리정돈의 달인이지만 어쩌면 '지나친 스케줄러'라고 할 수도 있지요. 실용적인 성향이라 만약의 가능성을 생각하며 기다리는 것도 좋아하지 않습니다. 가만히 있지 말고 계획이나 복안을 세우라고 채근하는 것이 J형 상사의 특징이지요. J형에게는 '계획이 답이다'라는 말을 항상 기억해야 합니다.

늘 최신 정보를 확인하세요

J형은 체계적인 사고를 바탕으로 현 시점에서 최적의 선택지가 무엇인지 늘 고민합니다. 이런 선택지는 반드시 최신 정보에 근거해야 하지요. 계획적 사고의 장점을 살리면서 최근 트렌드를 반영한 보고서라면 J형에게 강한 설득력을 발휘합니다. 내비게이션에서 미리 설정해놓은 경로대로 길을 찾아가는 것도 좋지만 새롭게 생긴 도로를 반영한 최신 소프트웨어를 활용한다면 경로가 단축되어 목적지에 보다 빨리 도착할 수 있는 것이나 마찬가지입니다. 우리나라의 행복지수가 전 세계 다른 나라와 비교했을 때 50위라고 판단했다고 합시다. 그런데 그 순위가 몇 년 전 자료를 바탕으로 한 것이라면 의미가 없겠지요. 보고서를 작성할 때는 지금 시점의 최신 자료를 활용해야 합니다. 철저한 계획을 바탕으로 최신 정보를 가미한 보고서는 깐깐한 J형 상사도 흐뭇하게 평가할 겁니다.

※ J형 보고서 스타일

(원안)

부문별 온라인 간행물 '○○ 웹진' 발간 계획(안)

□ 발간 의도
 직원수의 증가, 끊임없는 업무혁신, 제반 역량 확충 등의 성과를 바탕으로
 직원들간의 순수한 정보교류를 위한 온라인 간행물인 사내 웹진을 발간하기로 함.
  ○ 부별 조직의 비전과 목표를 철저하게 주지
  ○ 부서 간의 원만한 커뮤니케이션 활성화

□ 발간 계획의 요지
  ○ 웹진의 성격 : 모든 직원이 직접 참여하는 정보지
  ○ 제작 형태 : 1920 * 1280 해상도, 12화면 프레임
  ○ 발간 시기 : 20**년 7월 1일 창간, 이후 매월(월간) 1일 발행
  ○ 내용구성
    - 경영 방침, 행정소식
    - 기획테마 특집
    - 우리들의 이야기, ○○칼럼
    - 자율 게시판 등

□ 세부 운영 계획
  ○ 예산지원
    - 연1,500만원 소요(자료수집비, 편집비, 디자인비, 운영비 포함)
    - 2/4분기 총부부 교재 제작비 예산 1,500만원내에서 지원가능
  ○ 편집위원회 구성
    - 현업경직의 각 부서별 지원자를 신청받아 편집위원회T.F.T.(Task Forced Team) 구성
     ※ 소요비용 절감 목적
    - 편집위원장(1명) 및 간사(1명), 부문별 편집위원 (각1명)의 단위조직체

□ 발간까지의 일정
  ○ 5월 1주차: 온라인 웹진 발간 공고
  ○ 5월 4주차: 편집위원회 구성
  ○ 6월 2주차: 편집작업
  ○ 6월 4주차: 디자인 의뢰(6.20.), 콘텐츠 완성(6.27.)
  ○ 7월 1일: 제작완료 및 온라인 배포

논리적으로 잘 만든 자료이지만 내용이 일반적으로 기술되어 보고서가 전반적으로 산만해 보입니다.

(개선안)

부문별 온라인 간행물 '00웹진' 발간 계획(안)

□ **발간 의도**
  직원 수의 증가, 끊임없는 업무 혁신, 제반 역량 확충 등의 성과를 바탕으로 직원들 간의 순수한 정보 교류를 위한 온라인 간행물인 사내 웹진을 발간하기로 함.
  ○ 조직의 부문별 비전과 목표를 철저하게 주지
  ○ 부서 간의 커뮤니케이션 활성화

□ **발간 계획의 요지**
  ○ 웹진의 성격 : 모든 직원이 직접 참여하는 정보지
  ○ 제작 형태 : 1920 * 1280 해상도, 12화면 프레임
  ○ 발간 시기 : 2025년 7월 1일 창간, 이후 매월(월간) 1일 발행
  ○ 내용 구성

> 경영 방침, 행정 소식
> 기획 테마 특집
> 우리들의 민원, 00칼럼
> 자율 게시판 등

□ **세부 운영 계획**
  ○ 예산 지원
   - 연 1,500만 원 소요(자료 수집비, 편집비, 디자인비, 운영비 포함)
   - 2/4분기 총무부 교재 제작비 예산 1,500만 원 내에서 지원 가능
  ○ 편집위원회 구성
    부서별 지원자를 신청받아 편집위원회 TFT(Task Forced Team) 구성
    ※ 소요비용 절감 목적
    편집위원장(1명) 및 간사(1명), 부문별 편집위원 (각1명)의 단위조직체

□ **발간까지의 일정**

5월 1주차	5월 4주차	6월 2주차	6월 4주차	7월 1일
온라인 웹진 발간 공고	편집위원회 구성	편집 작업	6월 20일 : 디자인 의뢰 6월 27일 : 콘텐츠 완성	제작 완료 및 온라인 배포

같은 내용이라도 발간 계획의 향후 일정을 도식화한 구성으로 강조해 변화를 줬습니다. J형이 좋아하는 계획적이고 단계적인 접근법이 돋보입니다.

3장
나는 당신이 원하는 보고서를 씁니다

보고서 작성 시 MBTI 유형별 특징

MBTI 유형 (보고서 작성 유형)	유형별 특징	비고 (어울리는 보고서)
ISTJ (차분하고 꼼꼼한 보고서 작성자)	• 세부에 집중하기보다 핵심을 강조 • 구조화된 형식을 따르되 유연성 가미 • 변화하는 정보나 새로운 아이디어 수용	재무·회계 보고서
ISFJ (배려와 신뢰의 보고서 작성자)	• 자신의 의견을 분명히 표현 • 감성적 접근, 객관적 데이터의 균형 유지 • 비판적인 피드백을 수용하는 개선적인 자세 • 새로운 방법이나 도구 활용	봉사활동 결과 보고서
INFJ (깊이 있고 분석적인 보고서 작성자)	• 추상적 개념을 구체적인 데이터와 예시로 보완 • 타인의 의견을 적극적 수용 • 이상적 접근이 실무에 적절한지 검토	이슈 보고서
INTJ (논리적이고 구조적인 보고서 작성자)	• 실질적인 실행 방안과 연결 • 복잡한 개념을 쉽게 전달하는 능력 필요 • 변화하는 정보와 새로운 아이디어 수용	프로젝트 보고서
ISTP (간결하고 실용적인 보고서 작성자)	• 기술적이고 전문적인 내용을 쉽게 전달 • 보고서의 전체적인 흐름과 구조 고려 • 마감 준수 및 시간 관리 요구	요약 보고서
ISFP (감각적이고 감성적인 보고서 작성자)	• 논리적이고 체계적인 보고서를 벤치마킹 • 아이디어를 객관적으로 평가해 신뢰성 확보 • 비판적인 사항에 대한 민감도 약화	고객 응대 보고서
INFP (창의적이고 이상을 꿈꾸는 보고서 작성자)	• 객관적인 데이터를 통해 주장 보강 • 자유로움에 논리적인 흐름 고려 • 현실적인 접근을 보다 강화	마케팅 보고서
INTP (개념적이고 분석적인 보고서 작성자)	• 이론보다 구체적인 예시 활용 • 완벽을 추구하려는 민감도에서 벗어나야 함 • 다양한 의견을 객관적으로 정리정돈	결과 보고서

유형	특징	보고서 종류
ESTP (즉각적이고 실용적인 보고서 작성자)	• 보고서의 세부 사항 보완 • 세부 자료와 논리적 근거 제시 • 장기적인 관점의 내용적 접근 필요	상황 보고서
ESFP (직관적이고 유연한 보고서 작성자)	• 내용이 산만하게 전개되지 않도록 유의 • 감성과 논리의 결합 요구 • 보고서의 흐름과 논리를 체계적으로 정리	상품 기획서
ENTP (열정적이고 변화무쌍한 보고서 작성자)	• 아이디어 중 핵심 주제에 집중해 논점 정리 • 창의성을 바탕으로 체계적이고 논리적 구성 유지 • 논쟁을 피하고 상대방의 의견 존중	홍보·기획 보고서
ENFP (창의적이고 자유로운 보고서 작성자)	• 아이디어보다 핵심 메시지에 집중 • 자유로운 표현과 논리의 조화 추구 • 객관적, 논리적 데이터로 신뢰성 보강 • 흥미로운 사례가 보고서의 목적과 연결되도록 함	기획 보고서
ESTJ (체계적이고 명확한 보고서 작성자)	• 상대방의 입장을 고려한 표현 • 계획 변동 가능성을 염두에 두고 융통성 발휘 • 상대방의 의견을 존중하고 협력하는 태도 중요 • 감성적인 요소를 고려해 설득력을 높여야 함	사업계획서
ESFJ (친화적이고 조화로운 보고서 작성자)	• 객관적 데이터와 논리 보강 • 비판적인 피드백에 감정 개입 억제 • 새로운 아이디어와 변화에 수용 및 개방	문제 해결 보고서
ENFJ (감성적이고 설득력 있는 보고서 작성자)	• 메시지에 대한 객관적인 자료 활용 • 독립적인 분석 자료를 통한 신뢰성 보강 • 구체적인 부분에 대한 유연한 접근 필요	수요 조사 보고서
FNTI (목표 지향적이고 전략적인 보고서 작성자)	• 상대방의 감정을 고려한 설득 전략 중요 • 다수의 의견을 수렴해 완성도를 높여야 함 • 독단적인 결론보다 다양한 가능성 고려	경영 전략 보고서

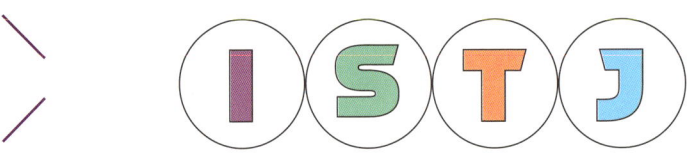

차분하고 꼼꼼한 보고서 작성자

디테일 장인

    ISTJ 유형은 한마디로 FM(Field Manual)입니다. 자신의 원리원칙하에 보고서를 작성할 때 사실과 데이터를 기반으로 한 정확하고 체계적인 내용을 선호합니다. 논리적인 구조와 명확한 문장을 사용해 정보를 전달하며, 객관성과 논리를 중시하고, 감정적인 서술을 최소화하는 편입니다. 또한, '서론-본론-결론'의 전통적인 형식을 따르며, 전체적인 흐름을 중요시합니다. 이들은 목적과 대상에 맞게 보고서의 내용을 구성하며, 신뢰할 수 있는 출처를 통해 자료를 수집하고 인용합니다. 다만, 치밀함이 몸에 배어 있고, 지나치게 유비무환 정신이 강해 세부 사항에 집중하다 보니 큰 방향성을 놓칠 수 있으므로 주의가 필요합니다. 또한 보고서를 쓸 때 결벽에 가까울 정도로 꼼꼼하게 완벽을 기하다 보니 타인의 감정을 무시하거나 변화를 거부할 수 있음에 유의해야 합니다.

< 장점 >

- 책임감이 강하고 성실하며 보고서를 체계적으로 작성합니다.

- 논리적이고 객관적인 시각으로 사물을 분석합니다.

- 규칙과 절차를 준수해 일관성 있는 결과를 도출합니다.

- 세부 사항까지 꼼꼼하게 확인해 오류를 최소화합니다.

- 침착하고 신중해서 위기 상황에 안정적으로 대응합니다.

< 한계 >

- 변화나 새로운 시도에 대한 저항감이 있습니다.

- 감정보다 논리를 중시하기 때문에 의사소통 시 차가운 인상을 줍니다.

- 세부 사항에 지나치게 집중하다 보니 전체적인 흐름을 놓치기 쉽습니다.

- 융통성이 부족해 예상치 못한 상황에 대처하기 어렵습니다.

- 타인의 감정이나 의견을 충분히 고려하지 못하는 경향이 있습니다.

여기서 잠깐! MBTI 솔루션

◎ Do

- 주장과 결론에 대한 근거 자료와 수치를 명확하게 제시하세요.

- '서론-본론-결론'의 구조를 지키고 각각의 세부 논리를 보강하세요.

- 보고서를 제출하기 전 오탈자, 수치 오류, 인용 출처 등을 반드시 검토하세요.

✦ 잘 맞는 유형: ESFP, ISFJ (절차 및 표현 등에서의 안정감 및 생동감 유사)

❌ Don't

- 모호하고 감정적인 표현은 자제하세요.

- 정해진 형식과 절차를 무시하거나 보고서 구성 요소를 생략하지 않도록 주의하세요.

- 검증되지 않은 정보나 부실한 세부 사항을 포함시키지 마세요.

✦ 잘 맞지 않는 유형: ENFP(새로운 아이디로 수정할 때 마찰 발생)

🗨 실전 ISTJ 보고서 원포인트 레슨

ISTJ 유형의 객관적인 치밀함과 꼼꼼함을 학습해봅시다. 아래 문장을 읽고 문장의 오류를 찾아볼까요.

AI 주차관리 사업 전문직 공개채용 안내

안녕하십니까?
00구시설공단은 효율적인 시설관리를 통해 지역구민의 편익과 복리를 증진하고자 하는 목적으로 꾸준히 괄목할 만한 성장을 해온 지방 공가업입니다.
최근 정부의 융·복합 사업 추진 정책기조에 따라 이번 회계연도에 1조 5000억원의 AI기반 통합 예산이 확보됨에 따라 각 지자체별 새로운 신규 AI기반 주차관리 사업 추진의 중요성이 대두되고 있습니다.

중장기 공단의 사업방안을 구축하기 위한 전략회의를 개최한 결과 AI전환시대의 AI를 활용한 주차관리사업에 대한 추진은 매우 중요한 문제가 아니라고 못할 것입니다.
전문가들은 공단의 대외적인 여건을 고려할 때 AI주차관리사업은 사업전망이 매우 고무적일 수 있다는 예상입니다.

이에 따라 도전, 비전, 전문성과 역량을 갖추고, 선진화된 관리기술을 사업으로 실현시킬 지원자를 모집합니다.
공모전에 관한 구체적인 사항은 공고문을 통해 하달할 예정이니 유능한 전문 인력의 많은 응모바랍니다.

20**년 09. 13.

00구 시설공단 AI 주차관리 사업 추진위원회

문장을 읽어보면 고칠 부분이 적지 않습니다. 논리적으로 연결 고리가 약한 문장들도 눈에 띕니다. 이를 꼼꼼하고 차분하게 수정하며 문장 작성 학습을 해볼까요.

AI주차관리사업 전문직 공개채용 안내

안녕하십니까?
00구시설공단은 효율적인 시설관리를 통해 지역구민의 편익과 복리를 증진함을 목적으로 꾸준히 괄목할 만한 성장을 해온 지방 공기업입니다.
최근 정부의 융·복합 사업 추진 정책기조에 따라 이번 회계연도에 1조 5천억 원의 AI 기반 통합 예산이 확보됨에 따라 각 지자체별 새로운 신규 AI 기반 주차관리사업 추진의 중요성이 대두되고 있습니다.

공단의 중장기 사업방안을 마련하기 위한 전략회의를 실시한 결과, AI 전환시대에 이를 활용한 주차관리사업의 추진은 매우 중요한 문제라고 여겨집니다.
전문가들은 공단의 대외적인 여건을 고려할 때 AI주차관리사업은 사업전망이 매우 고무적이라고 예상했습니다.

이에 따라 도전과 비전, 전문적 역량을 갖추고, 선진화된 관리기술을 사업으로 실현할 지원자를 모집합니다.
공모전에 관한 구체적인 사항은 공고문을 통해 전달할 예정이니 유능한 전문 인력의 많은 참여 바랍니다.

20**년 09. 13.

00구시설공단 AI주차관리사업추진위원회

문장 연결이 매끄럽고 군더더기 없이 수정되었습니다. 날짜 등을 명확하게 표기하고, 감정적인 표현을 최소화했으며, 중복된 단어를 피하고, 객관적인 단어를 사용했어요. 기관 소개, 사업의 필요성, 사업 전망, 채용 안내 각 부분의 연결된 문장도 그 흐름이 강화되었습니다.

배려와 신뢰의 보고서 작성자

공들임 보고서 대표

　ISFJ 유형은 타인을 배려하는 온정적인 성향과 침착하고 끈기있는 안정감을 바탕으로 보고서를 작성합니다. 조직의 규칙과 전통을 중요하게 여기며, 현실감각에 맞는 세심한 관찰력으로 보고서를 꼼꼼하게 작성하는 것이 특징입니다.

　보고서를 작성할 때는 객관적인 데이터와 감성적인 요소를 조화롭게 포함시키며, 읽는 사람이 쉽게 이해할 수 있도록 친절하게 서술합니다. 단순히 정보를 전달하는 게 아니라 독자가 자연스럽게 내용을 받아들이고 몰입할 수 있도록 스토리텔링을 활용하는 것도 특징입니다. 예를 들어, 고객 만족도 보고서를 작성한다면 수치 기반의 분석뿐만 아니라 고객 피드백을 활용해 보고서에 감성적인 요소를 추가하는 방식을 선호합니다. 하지만 자신만의 주체성이 약해 새로운 것을 가미하는 데 망설임을 느끼며, 작은 부분에 민감하게 반응해 보고서를 쓸 때 잔걱정이 많아질 수 있음을 염두에 둬야 합니다.

< 장점 >

- 읽는 이를 고려해 친절하고 이해하기 쉽게 작성합니다.
- 세부 사항을 꼼꼼하게 검토해 완성도를 높입니다.
- 감성적인 요소를 활용해 설득력과 공감을 얻습니다.
- 기존 절차와 데이터를 기반으로 안정적인 보고서를 구성합니다.

< 한계 >

- 지나치게 세부적인 정보까지 포함해 보고서가 길어지기 쉽습니다.
- 창의적인 접근보다는 기존 방식에 의존하는 경향이 강합니다.
- 갈등을 피하려는 성향이 강해 비판적이거나 직설적인 내용을 작성하기 어려워합니다.
- 결론을 강조하는 것이 약해 핵심 메시지가 묻힐 수 있습니다.

여기서 잠깐! MBTI 솔루션

● Do

- 보고서를 작성할 때 상대방을 배려하는 말과 행동을 해보세요.
- 데이터와 사례를 균형 있게 포함시켜 이성과 감성의 균형을 추구하세요.
- 상대방이 공감할 수 있는 사례와 피드백, 스토리를 적극 활용하세요.

♦ 잘 맞는 유형: ESFP (안정성과 생동감이 균형을 이룸)

✖ Don't

- 논리적이고 투박한 표현, 개조식 표현은 지양하세요.

- 불필요한 내용을 포함시켜 보고서를 장황하게 만들지 마세요.

- 내용이 지나치게 파격적이지 않아야 해요.

✦ 잘 맞지 않는 유형: ENTP(보고서 내용의 잦은 변경에 스트레스를 받음)

실전 ISFJ 보고서 원포인트 레슨

신뢰성 있는 보고서를 작성하기 위해 어떤 점에 주의해야 할까요. 무엇보다 실행 방안의 모호하고 두루뭉술함을 극복하는 게 필요해요.

보다 효율적인 회의시간 단축 및 개선 방안

☐ 현황
  ○ 비효율적인 회의시간 운영 빈번 (본부 및 부서 회의)
  ○ '일단 모여봐' 형태의 계획성 없는 주먹구구식 회의 진행
  ○ 길어지는 회의에 대한 구성원들의 불만 증가

☐ 개선 방안
  ○ 회의에 대한 사전 인식 및 준비 철저
    - 사내 인트라넷에 회의 사전 공지 및 직원공유
    - 회의 담당자 임명 회의준비
  ○ 비대면 회의 활성화
    - 화상회의나 메모식 회의를 진행하여 회의 최소화
    - 비대면 회의시 정시시작과 종료 준수
  ○ 바람직한 회의 기법 교육실시
    - 외부 전문가를 초빙하여 회의에 대한 스킬 학습
    * 해당 부서내 모든 사람들이 참여할 수 있도록 독려

아이디어는 넘치나 내용이 일반적이고 구체성이 떨어지는 보고서입니다. 마치 당연한 이야기를 하는 것처럼 보일 수 있죠.

보다 효율적인 회의 시간 개선 방안

☐ **문제 제기**
  ○ 본부 및 부서 회의 시 비효율적인 회의시간 운영 빈번
  ○ 회의가 계획성 없이 '일단 모여봐' 형태의 주먹구구식 진행
  ○ 지루한 회의에 대한 구성원들의 피로도 증가

☐ **단축 및 개선 방안**
  ○ 회의에 대한 불편 모드 제공으로 시간 단축 유도
    - 'Stand 회의' 진행
    - 최악의 회의실 온도 및 악조건 구비
    - 다과, 음료 등의 일체 제공 금지
  ○ 강제적 회의 시간 단축을 위한 제도적, 시스템적 장치 마련
    - 회의록을 원 페이지 또는 스마트폰 단일 화면으로 작성 의무화
    - 회의 금지의 날(매주 금요일 오후)을 지정하여 시행
    ※ 사규에 명시하여 합리적 사유 없이 **위반 시 부서장이 경위서를 제출**토록 함.

보편적 관점에서 두루뭉술하게 작성한 보고서가 아니라 현실적인 부분을 하나하나 꼼꼼하게 챙기는 ISFJ 보고서가 보다 안정감을 줄 수 있습니다.

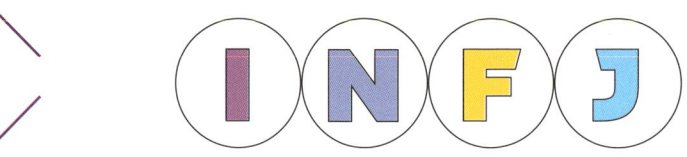

깊이 있고 분석적인 보고서 작성자

분석의 달인

　　INFJ 유형은 자신만의 영감이 있는 예언자 같은 사람입니다. 내면 세계의 깊은 통찰력과 분석력을 바탕으로 보고서를 작성합니다. 복잡한 사안을 구조적으로 정리하고, 자신의 의사를 전달하는 데 주력합니다. 상대방의 관점에서 내용을 구성해 공감과 이해를 이끌어내며, 창의적인 아이디어로 보고서에 독특한 가치를 부여합니다. 다만, 지나치게 자신이 생각하고 꿈꾸는 방향으로 치우칠 수 있어 보다 현실적인 접근이 필요합니다. 또한 창의력이 뛰어나고 통찰력이 지나친 나머지, 단순한 내용을 언급하고 정형화된 접근을 요구하는 보고서에는 취약합니다. 동일 패턴이 반복되는 것을 싫어하며, 자기 자신도 스스로를 모를 정도로 까도 까도 속을 알 수 없는 양파 같은 속성 때문에 보편적인 보고서보다는 소설가나 시인의 글쓰기가 어울립니다.

< 장점 >

- 보고서의 목적과 방향이 분명합니다.

- 확고한 신념과 통찰력으로 내용 구성상의 이해도를 높입니다.

- 창의적이고 독창적인 아이디어로 보고서의 가치를 제고합니다.

- 강한 직관력으로 문제의 본질을 파악하고 공감 능력이 강합니다.

< 한계 >

- 자신만의 세계에 몰두하여 현실감이 떨어질 수 있습니다.

- 세부 사항보다는 전체적으로 느끼는 감각에 집중해 디테일이 부족할 수 있습니다.

- 한 가지 결정을 내릴 때도 복잡한 심경을 드러냅니다.

- 호기심이 많아 이를 충족하지 못하면 생각에 골몰하고 스트레스를 받습니다.

여기서 잠깐! MBTI 솔루션

◉ Do

- 현실적인 조건과 실행 가능성을 검토해보세요.

- 창의적인 아이디어는 구체적인 데이터와 사례로 뒷받침되어야 해요.

- 단순 작업을 하는 보고서 작업은 다른 사람에게 맡겨주세요.

✦ 잘 맞는 유형: ENFP(보고서의 의미와 가치 면에서 창의적 신선함 공유)

✖ Don't

- 보편적 통념과 절차를 무시하고 이상적인 방향만 강조하지 마세요.

- 자신만의 세계에 매몰되어 자유분방한 보고서를 쓰지 않도록 하세요.

- 생각을 너무 깊이 하지 않도록 하고, 집착하지 마세요.

✦ 잘 맞지 않는 유형: ESTP(즉흥적인 것에 피로감 느낌)

🔴 실전 INFJ 보고서 원포인트 레슨

　INFJ 유형은 직관과 감성에 입각한 보고서를 작성하는 데 능합니다. 경영 활동이나 사업기획에 많이 쓰이는 분석 기법 중 SWOT 분석이 있습니다. 강점(Strengths), 약점(Weakness), 기회(Opportunity), 위협(Theeats) 4가지 요소의 앞글자를 따서 SWOT 분석이라고 합니다. SWOT 분석은 내부적 강점과 약점, 외부적인 기회와 위협 요인을 한눈에 보여줍니다. 보고서를 작성할 때뿐만 아니라 타당성을 검토해 전략을 수립하고 의사결정을 도와주는 유용한 분석 도구죠. 단순 논리적 분석이 아니라 여러 가지 변수를 고려한 판단이 있어야 하기에 INFJ가 잘할 수 있는 영역입니다.

　카페를 창업할 계획이라고 가정해봅시다. 다음과 같이 현재 상황을 분석해볼 수 있습니다. SWOT 분석은 내부의 장점과 외부의 기회를 적극적으로 살리고 내부의 약점과 외부의 위협을 제거하거나 개선함으로써 하고자 하는 카페 사업에 대한 현재 상황과 타당성을 정확히 분석하고 이후 사업 전략을 모색할 수 있습니다. 4가지 요인을 조합해 강점과 기회가 많은 사업은 적극 실행하고, 단점과 위협이 많은 사업은 다각화하거나 보류 또는 철수하는 전략을 취할 수 있는 것이지요. 이를 통해 사업계획서가 지향하는 방향으로 나아가도록 크게 기여할 수 있습니다.

	내부 요인	외부 요인	
강점 (S)	• 바리스타 대회에서 입상 경력 • 카페 운영 경험이 있음 • 사업 의지 충만	• 주변에 기업, 관공서가 많음 • 입지 조건 양호	기회 (O)
약점 (W)	• 차별화된 콘셉트 약함 • 서비스 마인드 부족	• 자본금이 적음 • 인접한 곳에 프랜차이즈 카페가 있음	위협 (T)

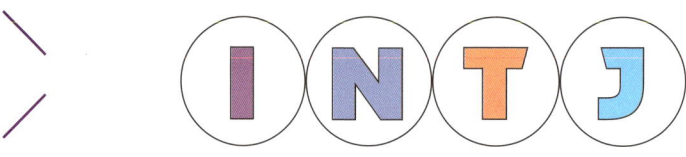

논리적이고 구조적인 보고서 작성자

정석 추구자

　　INTJ 유형은 한마디로 과학자 타입입니다. 보고서를 작성할 때 전략적 사고와 분석적 접근을 바탕으로 매우 날카롭고 설득력 있는 면모를 보입니다. 핵심 목표를 명확히 설정하고, 효율적인 정보 배치와 구조화된 논리 전개를 통해 차별화된 결과물을 도출하지요. 이들은 장기적인 관점을 고려해 보고서를 작성하며, 단순히 기존 자료를 정리하는 것이 아니라 새로운 시각에서 재해석하는 경향이 있습니다. 불필요한 감정적 표현을 배제하고, 객관적인 사실과 논리를 기반으로 설득력 있게 논리를 전개합니다. 또한, 논리적 일관성을 유지하기 위해 철저한 검토 과정을 거치며, 결론에서는 실행 가능한 전략적 제안을 포함하는 경우가 많습니다. 다만, 자신만의 논리가 너무 강해 독단적으로 보일 수 있습니다. 지나치게 복잡한 개념을 다룰 경우, 상대방이 이해하기 어려울 수 있으므로 명확한 설명과 사례를 추가하는 것이 중요합니다. 로댕의 '생각하는 사람'처럼 혼자 모든 것을 하려는 경향이 강하므로 때로는 팀으로 함께 일해보는 경험이 필요합니다.

< 장점 >

- 전략적 사고를 바탕으로 논리적으로 구조화된 보고서를 작성합니다.

- 데이터와 증거를 기반으로 한 객관적인 분석을 통해 결론을 도출합니다.

- 문제에 대한 냉철한 통찰력을 바탕으로 새로운 해결책을 제시합니다.

- 목표를 명확히 설정해 목적 지향적인 보고서를 구성합니다.

< 한계 >

- 지나치게 복잡한 개념을 다룰 경우, 상대방이 이해하기 어렵습니다.

- 실용성과 현실적인 제약을 간과하고 이상적인 해결책을 제시할 위험이 있습니다.

- 자신의 논리에 집중하여 상대방의 공감을 얻는 게 쉽지 않습니다.

- 완벽을 추구하다가 완성되는 시간이 예상보다 오래 걸리기도 합니다.

여기서 잠깐! **MBTI 솔루션**

◎ Do

- 복잡한 개념은 단계별 구조화를 활용해 명확히 설명하세요.

- 다양한 분석 기법을 활용해 내용을 제시하세요.

- 그들의 관념 세계를 어느 정도 이해하려고 노력해주세요.

✦ 잘 맞는 유형: ENTP (전략과 발상의 공유 및 구조와 유연성의 조화)

❌ Don't

- 주관적이고 독단적인 성향에 맞대응하지 마세요.
- 어떻게든 설득하려고 하지 마세요.
- 유머나 재치있다고 생각하며 농담하는 것을 자제하세요.

✦ 잘 맞지 않는 유형: ESFP(현장의 반응과 재미를 중시해 우선순위가 어긋남)

🔴 실전 INTJ 보고서 원포인트 레슨

보고서 내용을 구조화하기 위해 로직 트리(Logic-Tree)를 학습해봅시다. 로직 트리는 쉽게 말해 '논리의 가지치기'로, 보고서 제목과 그 이하 항목을 구성할 때 유용합니다. 이른바 '큰 항목 - 중간 항목(내용) - 작은 항목(내용) - 세부 내용'으로 위계질서에 맞춰 내용을 내림차순으로 구조화하는 것이죠. 보고서 내용을 '대분류 - 중분류 - 소분류 - 최소 분류'로 나열한다고 봐도 됩니

다. 보고서의 항목 역시 로직 트리 개념으로 정리합니다. 어떤 보고서든 로직 트리의 네 단계 원칙을 적용해 항목을 구성하면 경중에 맞게 내용을 적절히 배치할 수 있습니다.

　　항목의 구성 방식은 문서의 유형에 따라 다릅니다. 공문서나 기안서, 논문, 매뉴얼 형태의 문서는 제목(큰 항목) 아래 중간 항목으로 '1. 2. 3……'을, 작은 항목으로 '가, 나, 다……'를, 세부 내용으로 '1), 2), 3)……'을 활용합니다.

　　자유로운 기획서나 독립된 문서, 기안서 등에 붙이는 자료 문서 등은 제목이나 소제목(큰 항목) 아래 중간 항목(내용)으로 '□', 작은 항목(내용)으로 '○', 이하 세부 내용으로 '-' 기호를 활용합니다. 이들의 문서 체계는 아래와 같습니다.

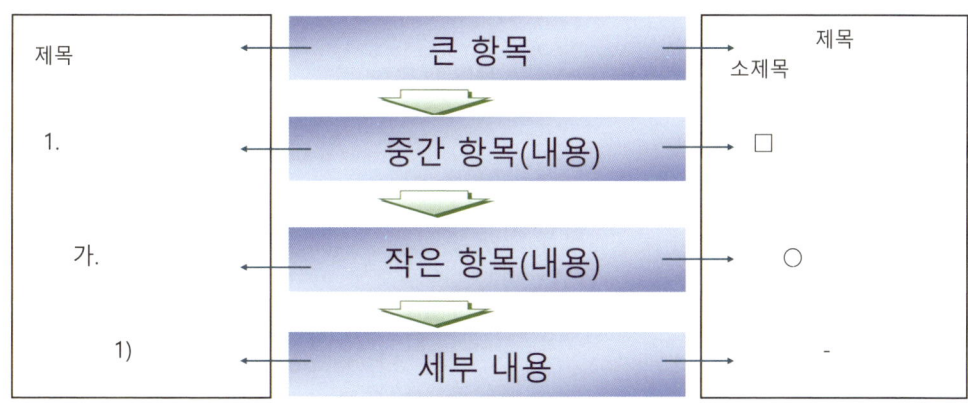

이들 2가지 문서의 예를 살펴볼까요?

서울특별시인재개발원

수신   수신자 참조
(경유)
제목   2025년 제2기 유형별 보고서 작성방법 과정 출강 요청 및 원고 집필 의뢰

1. 서울특별시인재개발원 인재양성과-3146(2025. 4. 17.)호와 관련된 문서입니다.
2. 2025년 제2기 유형별 보고서 작성방법 과정의 출강 및 원고 집필을 요청·의뢰드리니 아래를 참고하여 주시기 바랍니다.

- 아   래 -

가. 교육과정 개요
 1) 과 정 명: 2025년 제2기 유형별 보고서 작성방법
 2) 교육기간: 2025. 5. 8.(목) ~ 5. 9.(금)
 3) 교육대상: 시, 사업소 및 자치구 6급 이하 직원 및 투자출연기관 직원
 4) 교육인원: 40명(모집 상황에 따라 변동될 수 있음)
 5) 교육방법: 대면 집합 교육
 6) 교육장소: 서울특별시인재개발원 창의관 205호

'00년도 전직원 독감 예방접종계획

(0000. 0. 00. 화. 후생복지팀)

□ 근 거
  ○ 회사 내규 후생복지규정 제4조(보건관리)
    * 후생복지업무 담당부서에서는 임직원의 건강상태와 환경조건을 수시로 조사하여 근무환경을 개선하는 등 보건관리 유지에 필요한 조치를 취해야 한다.
  ○ 산업안전보건법'상 감염병 예방 조치 필요
    * 산업안전보건기준에 관한 규칙 제 594조(감염병 예방 조치)

□ 접종계획
  ○ (기간) 10.4~11.30(34일간)(평일: 08:30~11:30, 13:30~16:30/ 토요일: 08:30~11:30)
    * 10.11~10.31 기간은 노인예방접종 기간으로 혼잡하여, 가급적 이용 자제
  ○ (장소) A병원(본관 2층, 독감접종실)
  ○ (대상) 총 000명(0000.00.00. 현재)

구분		총인원	제외	대상자	비고
내근직		00	0	00	-
외근직		00	00	00	00
		000	00	000	00
계약직		000	0	000	00
합계		000명	0명	000명	

 ※ 제외대상 : 휴직자 6명(육아휴직 5, 유급휴가자 1)
  ○ (예산) 약 1억 원(1인 26,000원)   * 예산항목 : 보건관리비
    * A병원(2.6만 원, 생백신)/ B병원(2.8만 원)/ C병원(4만 원)
    ※ 임·직원 가족 및 용역직원 접종 시 동일가격으로 접종 가능

□ 향후일정
  ○ 문서 공람 조치 및 그룹웨어 게시판 공지(9.26) * 조기 소진 시 재공지
  ○ 독감 예방접종 시행(10.4 ~ 11.30)

※ 문의: 후생복지팀 000(☎000-0000)/ A병원 원무팀 담당 000(☎000-0000)

간결하고 실용적인 보고서 작성자

요약 전문가

    ISTP 유형은 장황한 설명을 배제하고 핵심만 명확하게 전달하는 보고서를 작성하는 데 능숙합니다. 이들은 보고서를 구구절절하게 쓰는 것을 귀찮아할 수 있어요. 꼭 필요할 때만 관심과 노력을 기울이지요. 보고서를 작성할 때 실용성과 효율성을 최우선으로 고려하며, 감성적인 표현보다는 객관적인 데이터와 논리적인 분석을 중심으로 내용을 구성합니다. 최소한의 문장으로 최대한의 정보를 효과적으로 전달하려 하며 직관적인 이해를 돕기 위해 표, 그래프 등 시각 자료를 적극적으로 활용합니다. 문제 해결 중심적 사고를 바탕으로 이론적 논의를 길게 하더라도 실행 가능한 해결책은 확실히 전달합니다. 하지만 장기적인 전략을 다루기보다는 눈앞의 문제를 해결하는 데 집중하는 성향이 강하기 때문에 조직 전체적인 큰 그림을 고려할 때는 추가적인 조율이 필요할 수 있습니다. 또한, 개인적인 성향이 강해 지나치게 표현을 억제하다 보니 열정과 인내심이 부족하고 마무리가 약할 수 있어요.

< 장점 >

- 핵심만 간결하고 명확하게 정리해 보고서를 효율적으로 작성합니다.

- 데이터와 사실 중심으로 논리를 구성해 신뢰성이 높습니다.

- 문제 해결 중심의 실용적인 접근 방식을 활용해 실행 가능한 대안을 제시합니다.

- 그래프, 표 등 시각 자료를 활용해 정보를 직관적으로 전달합니다.

< 한계 >

- 장기적인 전략보다는 단기적인 문제 해결에 집중하는 경향이 있습니다.

- 필요한 정보만 나열하는 방식이어서 감성적 설득력이 부족합니다.

- 협업보다는 독립적으로 작업하는 것을 선호하는 경향이 있어 팀과의 조율이 필요합니다.

- 세부 계획을 오래 고민하지 않고 무관심할 수 있습니다.

여기서 잠깐! MBTI 솔루션

◎ **Do**

- 핵심 메시지를 3~4개 주요 포인트로 정리하세요.

- 데이터와 시각 자료를 첨부해 빠른 이해를 도우세요.

- 단기 대안과 함께 장기적인 영향도 언급하세요.

✦ 잘 맞는 유형: ESTJ(문제 해결력과 체계적 추진력이 맞물려 유연하고 계획적인 실행 가능)

✘ **Don't**

- 공정성을 훼손하는 부분이 없도록 하세요.

- 서둘러 추진하거나 상황을 급하게 몰아가지 마세요.

- 피드백과 협업 절차를 생략하지 마세요.

✦ 잘 맞지 않는 유형: ENFJ(독립적 진행과 지속적인 소통, 공감을 원하는 성향과 충돌)

● 실전 ISTP 보고서 원포인트 레슨

간결성과 명확성을 강조하는 ISTP 유형은 구구절절하게 서술하지 않고 항목을 활용해 내용을 구조화합니다. 보고서가 아니라 휴대폰 문자메시지로 내용을 전달할 때도 이런 형태로 정리하면 좋습니다. 예를 들어볼까요.

> **노트북 판매촉진 프로모션**
>
> 신학기를 겨냥한 '아카데미 버전' 노트북 판매활성화를 위한 의견입니다.
> 기존의 저가 공략 보다는 기능적인 차별화 전략으로 방향을 모색해야 하며
> 대학내에 저렴하게 노트북을 대여하여 학생들의 긍정적 반응을 유도하는 마케팅 방안을 검토해야 합니다.
> 또한 광고모델로서 현 대학생 모델을 선발하여 학생들에게 공감과 친근감을 어필할 수 있는 광고전략이 필요합니다.
> 이를 위해 우선적으로 CF촬영을 위한 기획작업에 들어갈 예정입니다.

휴대폰 문자메시지도 구조화하면 전략 방향과 아이디어가 분명히 돋보

이도록 정리할 수 있습니다.

> **노트북 판매 촉진 프로모션 방향**
>
> 신학기 대학생을 위한 '아카데미 버전'
> 노트북 판매 활성화 의견입니다.
>
> **1. 프로모션 방향**
> - 저가 전략 아닌 기능적 차별화 시도
> - 대학에 노트북을 대여해 긍정적 피드백 유도
> - 대학생 모델 선발을 통한 친근감 있는 광고 전략 병행
>
> **2. 추후 예정 사항**
>
> 광고 촬영을 위한 기획 작업을 시작할 예정임
>
> **20**. 2. 28. 홍보팀 대리 홍길동**

논리적 구조에 따라 한 화면에 보이는 내용을 보다 알기 쉽게 요약하여 정리했습니다.

감각적이고 감성적인 보고서 작성자

보고서 상담사

　　ISFP 유형은 감각적이고 예술적인 감성을 바탕으로 정서적인 내용의 보고서 작성에 능합니다. 전통적인 형식이나 딱딱한 논리보다는 독창적인 표현과 감성적인 접근을 중시하며, 상대방이 보고서를 읽을 때 편하게 읽고 공감할 수 있도록 구성합니다. 이들은 텍스트뿐만 아니라 이미지, 색채 디자인 등을 적극적으로 활용해 문서를 만들고 문장 자체도 감성적인 언어를 활용해 자신만의 독특한 문체를 구사합니다. 특히 스토리텔링과 MZ세대 취향의 감각적인 언어를 결합해 개성 있는 보고서를 작성합니다. 이런 특성 때문에 논리를 요구하는 보고서에는 적합하지 않으며 분석적인 접근에 어려움을 겪기도 합니다. 심지어 보고서가 지나치게 정적이고 감성적이어서 논리적 분석력과 추진력을 보완해야 한다는 질책을 받는 경우도 있습니다.

< 장점 >

- 감성적인 표현이 뛰어나 상대방의 공감을 유도합니다.

- 부드럽고 융통성 있는 표현으로 보고서의 메시지를 유연하게 전달합니다.

- 차분하게 혼자서 일처리를 해나갑니다.

- MZ세대의 관심을 끌 수 있는 감성적인 콘텐츠를 제작하는 능력이 뛰어납니다.

< 한계 >

- 논리적인 구조보다는 감성적인 표현에 치중할 가능성이 있습니다.

- 객관적이고 구체적이며 논리적인 보완이 필요합니다.

- 즉흥적이고 유연한 스타일이 강해 표준 보고서 형식을 준수하기 어려울 수 있습니다.

- 상대방을 배려하는 수동적인 성향으로, 자신의 능력을 알리는 데 소극적입니다.

여기서 잠깐! MBTI 솔루션

◎ Do

- 감각적 자료와 시각 자료를 보고서에 어울리게 구성하세요.

- 상대방이 좋아하는 문구와 취향 등을 반영한 내용으로 구성하세요.

- 상대방의 이해를 돕는 스토리텔링, 객관적 사실에 기반을 둔 설명을 보완하세요.

✦ 잘 맞는 유형: ESFJ (창의적 표현과 감수성의 공유, 체계적 운영 관리로 뒷받침)

✖ Don't

- 논리적인 주장을 지나치게 강조하지 마세요.

- 형식적이고 밋밋한 보고서를 작성하지 마세요.

- 우유부단한 면을 그대로 따라가지 마세요.

✦ 잘 맞지 않는 유형: ENTJ(마감 중시, 목표 성과에 대한 압박이 자율성을 제한)

실전 ISFP 보고서 원포인트 레슨

　　ISFP 유형은 예술적 감성을 바탕으로 뛰어난 시각적 능력을 발휘합니다. 그러다 보니 틀에 얽매인 자료보다는 자신만의 개성을 담아 보고서를 작성하려는 경향이 있습니다. 논리적으로 내용을 만든 다음, 디자인 요소를 가미해 보고서를 작성해보세요. 예를 들어볼까요.

> 우리 회사는 202*년 2월 '스마트 행정업무 인터넷 서비스'를 국내 최초로 시행하여 지난 1년간 2만여 건의 민원행정을 처리하는 업무를 스마트폰을 통하여 처리하여왔으며 그로 인하여 발생하는 기회비용 절감과 고객들에게 신속한 정보 제공은 물론 해당 업무 담당자와의 직접 상담으로 인한 번거로움을 제거하는 등 많은 효과를 거둔 바 있습니다.

　　한 장의 보고서를 작성하기 위한 기본적인 정보입니다. 이를 기반으로 보고서를 완성해보겠습니다.

```
'스마트 민원 업무 인터넷 서비스' 시행 결과

● 추진 경과
  - 20**년 2월 스마트 민원 업무 인터넷 서비스 국내 최초 시행
  - 1년간 2만여 건의 민원 업무 처리

● 달성 효과
  - 기회비용 절감
  - 신속한 정보 제공 서비스
  - 담당자와 직접 상담의 번거로움 제거
```

이 정보를 바탕으로 제목과 항목 등을 작성하고 텍스트 형태로 내용을 정리해 구조화했습니다.

도형 등을 활용해 보고서의 가시성을 높였습니다. 모든 내용을 도식화해 프레젠테이션에 적합하게 구성했습니다.

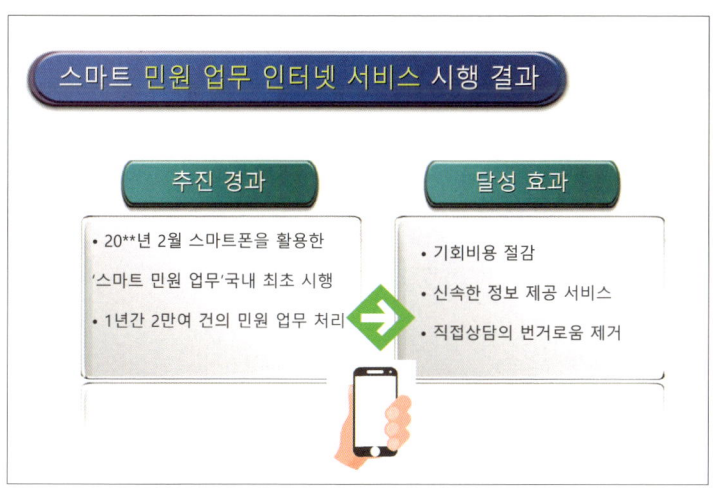

시각적 요소를 더욱 부각시켜 보고서 내용의 가시성을 한층 높였습니다.

INFP

창의적이고 이상을 꿈꾸는 보고서 작성자

드림 빌더

　　INFP 유형은 깊이 있는 가치관과 철학을 바탕으로 독창적이고 감성적인 보고서를 작성합니다. 사실, 보고서 작성과는 어울리지 않는 몽상가 타입이지요. 단순히 정보를 전달하기보다는 상대방이 보고서를 읽고 공감할 수 있도록 메시지를 창의적으로 구성하는 데 익숙합니다. 형식적인 틀에 얽매이기보다는 자유로운 표현과 독창적인 관점으로 접근하는 경향이 강합니다. 보고서의 내용이 자신이 중요하게 여기는 가치와 연결되면 몰입도가 극대화됩니다. 그러나 보고서를 작성하는 과정에서 감성적 흐름과 논리적 구조의 균형을 맞추는 것을 어려워합니다. 지나치게 창의적인 방식으로 접근하다 보면 주제가 확장되거나 핵심이 흐려질 가능성도 있습니다.

　　INFP 유형은 생각이 많아 모든 사람을 만족시키려는 모습을 보입니다. 그러다 보니 만족스러운 보고서를 만들기 위해 여러 차례 수정 작업을 거치느라 마감 기한을 맞추는 데 부담을 느끼기도 합니다. 마무리가 약하고 이상과 현실을 경계가 애매한 부분은 단점이 될 수 있습니다.

< 장점 >

- 자유로운 문체로 감성적이고 설득력 있는 보고서를 작성합니다.
- 창의적이고 독창적인 표현 방식으로 상대방의 관심을 유도합니다.
- 정형화된 틀을 벗어나 신선한 시각에서 문제를 바라보는 능력이 뛰어납니다.
- 상대방이 공감할 수 있는 표현 방식을 선호하고 이면을 바라보는 안목이 뛰어납니다.

< 한계 >

- 객관적인 데이터와 논리적 구조보다는 감성적 요소에 치우칠 가능성이 있습니다.
- 완벽주의 성향 때문에 보고서를 작성하는 시간이 길어집니다.
- 형식적인 틀을 따르는 것을 답답하게 느껴 기존 규칙을 벗어나기도 합니다.
- 순수예술가적인 기질로 인해 논리와 분석력이 약할 수 있습니다.

여기서 잠깐! MBTI 솔루션

◉ Do

- 창의적인 아이디어를 객관적 데이터와 논리 구조로 뒷받침하세요.
- 내용상의 감성을 반영한 눈에 띄는 이미지를 구성해보세요.
- 감춰진 이면을 찾아내는 특별한 능력을 존중해주세요.

✦ 잘 맞는 유형: ENFJ (상호 가치 중심 아이디어를 설득력 있는 논리로 구조화)

❌ Don't

- 지나치게 이상적인 접근으로 본질을 흐려뜨리지 않도록 조심하세요.
- 빡빡한 일정 계획을 추구하지 마세요.
- 일을 벌이기만 하고 실행 과정과 마무리가 약해지지 않도록 주의하세요.

✦ **잘 맞지 않는 유형**: ESTJ(의미를 무시하고 논리의 효율성을 중시하느라 보고서의 방향성이 충돌함)

🗨 실전 INFP 보고서 원포인트 레슨

자신만의 독창적인 감성으로 보고서를 작성하는 INFP 유형은 보고서의 레이아웃도 감각적으로 구성합니다. 아래 예시한 회사 소개서 역시 일반적인 소개 자료를 눈에 띄는 감성으로 연출한 부분이 돋보입니다.

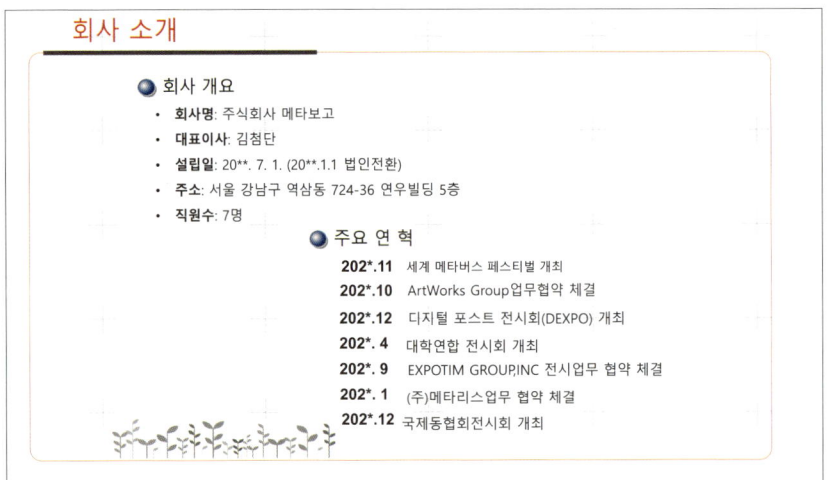

3장 나는 당신이 원하는 보고서를 씁니다

회 사 명	주식회사 메타보고
대표이사	김첨단
설 립 일	20**. 7. 1. (20**.1.1 법인전환)
주 소	서울 강남구 역삼동 724-36 연우빌딩 5층
직 원 수	7명

주요연혁

202*.11 세계 메타버스 페스티벌 개최

202*.10 ArtWorks Group 업무협약 체결

202*.12 디지털 포스트 전시회(DEXPO) 개최

202*. 4 대학연합 전시회 개최

202*. 9 EXPOTIM GROUP,INC 전시업무 협약 체결

202*. 1 (주)메타리스 업무 협약 체결

202*. 12 국제동협회 전시회 개최

<출처: (주)파워피티 제공>

INTP

개념적이고 분석적인 보고서 작성자

논리의 끝판왕

    INTP 유형은 아이디어뱅크로 개념 파악을 잘합니다. 단순히 정보를 정리하기보다는 새로운 관점으로 기존 문제를 분석해 혁신적인 해결책을 도출하는 것을 즐깁니다. 보고서를 작성할 때는 특유의 통찰력으로 정리한 자신의 객관적 논리와 비평에 강하며, 감성적인 표현이나 주관적인 의견을 배제하는 경향이 있습니다. 독창적인 아이디어와 논리적인 가설을 설정하는 것을 좋아하기 때문에 일반적인 보고서 형식보다는 개념적 분석과 이론적 접근을 중시하는 보고서가 잘 맞습니다.

    하지만 자신의 입장에서 논리 체계를 구축하는 데 집중하다 보니 실용성과 실행 가능성을 놓치는 경우가 있습니다. 또한 지나치게 복잡한 분석을 포함시키다 보니 보고서의 구성이 난해해지기 쉽습니다. 피드백을 받을 때 비판적인 지적에 논리적으로 반박하려는 경향이 있어 협업 과정에서 충돌이 발생하는 경우도 있습니다. 따뜻한 인간미가 부족하다거나 관심 분야에만 뛰어난 몰입감을 보인다는 지적을 받기도 합니다.

< 장점 >

- 논리적 사고를 바탕으로 체계적이고 분석적인 보고서를 작성합니다.
- 원리원칙과 직관을 통합해 객관적이고 신뢰감 있는 보고서를 작성합니다.
- 복잡한 개념을 논리적으로 정리하고, 가설을 수립해 분석하는 데 강점이 있습니다.
- 관심 분야의 보고서에는 탁월한 이해력과 연구력을 보여줍니다.

< 한계 >

- 지나치게 논리적 완성도를 추구하는 과정에서 이론 중심으로 흐를 가능성이 있습니다.
- 개념적 접근을 강조하다 보니 실용성과 실행 가능성을 간과할 위험이 있습니다.
- 복잡한 이론과 분석을 포함해 이해하기 어려운 보고서가 될 가능성이 있습니다.
- 자유로운 분석 방식을 선호해 의견 조율이 어려울 수 있습니다.

여기서 잠깐! **MBTI 솔루션**

◉ Do

- 복잡한 분석을 단계별 구조와 간단한 요약으로 정리하세요.
- 결론에 대한 현실적인 검토를 병행해 실행력을 보강하세요.
- 상대방의 피드백을 받아들여서 논리의 충돌을 피하세요.
- ✦ 잘 맞는 유형: ENTJ(논리 구조화된 아이디어와 사고를 목표 실행으로 연결)

❌ Don't

- 이론적이고 개념적인 부분을 간과하지 마세요.
- 지나치게 전문적인 개념을 내세우지 마세요.
- 상대방의 관심 분야를 소홀히 하지 마세요.

✦ 잘 맞지 않는 유형: ESFJ(논리와 자율을 우선하는 사고방식이 관계와 정서를 중시하는 커뮤니케이션과 충돌하면서 상호 피드백이 빗나감)

🔴 실전 INTP 보고서 원포인트 레슨

개념 파악을 잘하는 INTP 유형의 보고서 작성 능력을 바탕으로, 보고서 콘텐츠 구성 방식을 살펴보겠습니다. 상사에게 보고서를 제출하면 주로 5가지 질문이 제기됩니다.

1. 도대체 결론이 뭐야?(핵심, 요약(요점), 답)
2. 근거가 뭐야?(논리적 근거, 이유, 원인)
3. 어떻게 할 건데?(방법, 실행, 추진 사항)
4. 비용은 얼마나 들지?(재정, 예산, 소요 비용, 투자 대비 가능성)
5. 다른 데는 어떻게 하나 알아봐.(비교 사항)

이 중 1~3번은 결론(So what), 근거(Why so), 방법(How to)으로 보고서 작성의 필수 요소입니다. 4~5번은 선택적으로 쓸 수 있는 콘텐츠입니다. 아래 예시한 문서에서 이 내용을 짚어보겠습니다. 사업 전반에 대한 사항, 사업 추진의 근거, 개선 방향이 한 장에 잘 나타나 있습니다.

결론(So what)

근거(Why so)

방법(How to)

```
Ⅲ  20**년 사업 추진계획
 1  사업개요
□ 사업개요
  ○ (사 업 명) 20**년 행복더함 희망나래 사업(제 9차년도)
  ○ (사업기간) 20**. 03. ~ 20**. 12.
  ○ (사업대상) 전국 00여개 지역아동센터
  ○ (사업내용) 이동용 차량지원, 맞춤형 도서관지원, 문화체험, 프로
    그램운영비 지원, 경주지역 지역상생협력지원 등
□ 사업규모(전년대비)
  ┌─────┬─────┬─────┬─────┬─────┬─────┬─────┬─────┐
  │ 구 분 │승합차 │도서관 │문화체험│프로그램│경주  │언프라│사후관리│
  │       │지 원  │설 치  │      │지원  │상생협력│연계│강화   │
  ├─────┼─────┼─────┼─────┼─────┼─────┼─────┼─────┤
  │ 20**년│       │       │       │       │       │       │       │
  ├─────┼─────┼─────┼─────┼─────┼─────┼─────┼─────┤
  │ 20**년│       │       │       │       │       │       │       │
  └─────┴─────┴─────┴─────┴─────┴─────┴─────┴─────┘

 2  '**년 개선사항
□ 차량 및 도서관 등 지원 인프라에 대한 사후관리 강화
  ○ 노후차량 단계적 재배치를 통해 사후관리 및 사업 통일성 강화
  ○ 도서관 수혜센터에 신간도서 지원을 통한 도서관 이용 효율성 제고
□ 도서관 지원 인프라를 활용한 연계사업 강화
  ○ 도서관 수혜센터를 대상으로 독서정서를 위한 프로그램 운영
□ 공공기관 환경친화적 자동차 보급 활성화 정책에 기여
  ○ 전기차 지원 도입(승합차 85대 → 승합차 80대, 전기차 5대)
□ 교육원 업에 맞는 에너지 등 과학프로그램 운영비 지원
  ○ 과학적 탐구 및 상상력을 기를 수 있는 활동에 대한 프로그램 운영비 지원
```

3가지 필수 콘텐츠는 순서가 바뀌어도 상관없습니다. 필수 콘텐츠 중 가장 비중 있게 다뤄야 할 부분은 바로 '방법(How to)'입니다.

근거

결론(핵심)

방향(방법)

```
코로나19 방역상황 안정 시 예방접종 추진 방향
                              (20**.2.21. 0000과)
□ 검토배경
  ○ (치명률 감소) 확진자는 증가하는 추세이나, 오미크론 우세종화
    등에 따라 치명률 감소 → 정부에서는 방역체계 개편을 검토
    * 주기적으로 유행하는 풍토병으로서 관리 등
  ○ (국민피로도 증가) 확진자 증가 시 마다 예방접종을 사실상 의무'로
    받아들이는 등의 국민 심리적 불안 고려 필요
    * 21.2.26 첫 접종, 현재까지 3차 접종까지 시행(3차 접종률 60% 수준)
□ 검토사항
  ○ (과거 사례) 사스, 메르스 등 유행시에는 전국민 대상 예방접종을
    추진한 전례가 없어 단순 비교 곤란
  ○ (접종비용지원) 전국민 대상 무료접종보다 고위험군 대상 선별적
    으로 접종비용을 지원하는 방안 검토 필요
  ○ (조직운용) 현행 임시 TF(코로나19 예방접종 대응 추진단) 운용은 중단
    하고 질병청 정규조직 내에서 추진하는 방안 검토 필요
□ 추진방향
  ○ (국가예방접종화) 풍토병으로 관리될 경우 인플루엔자 등과 같이
    코로나19에 대해서도 감염병예방법 상 국가예방접종으로 전환
    * 13세 이하 어린이 및 65세 이상 어른신, 임신부 등에 대해 선별적으로 비용지원
    - 치명률이 낮은 상황으로 고위험군 대상으로 예방접종현황 관리,
      기타 대상에 대해서는 방역상황과 연계하여 관리범주에 포함여부 검토
  ○ (조직신설) 장기 대응을 위해 국가 예방접종 외 예방접종 전반을
    전담할 수 있는 국 단위 조직 신설 추진
    - 유사사례 재발 시 한시 TF를 구성하는 비용을 줄이고 정규조직의
      업무역량을 활용하여 위기상황에 대응하는 것이 바람직
```

135

ESTP

즉각적이고 실용적인 보고서 작성자

보고서 행동대장

　즉각적이고 실용적인 성향을 지닌 ESTP 유형은 보고서를 작성할 때도 자신의 능력과 수완을 잘 발휘합니다. 현재 상황에 집중하며, 실제 경험과 구체적인 사실을 기반으로 내용을 구성합니다. 또한, 효율성과 결과 지향적인 태도로 보고서를 작성합니다. 장황한 서술을 피하고, 핵심 정보를 간결하고 명확하게 전달해 시간을 절약합니다. 특유의 사교적 기질로 재치있고 유연한 내용을 작성해냅니다. 보고서의 가시적인 멋과 시각적 요소에도 관심을 갖고 있습니다. 이러한 접근법은 디지털 플랫폼 기반, 비대면, 실리를 추구하는 MZ세대의 성향과도 잘 맞아떨어집니다. 그러나 장기적인 계획 수립이나 깊이 있는 감정을 요구하는 부분에선 다소 부족함을 보입니다. 자칫 내용이 빈약한 '폼생폼사' 보고서를 쓸 우려가 있기도 하지요. 이론이나 개념에 대한 소양이 부족하고 예측불허한 성향으로 인해 임기응변식 태도를 보이며 그저 쉽게 보고서를 쓰고 넘어가려는 모습을 보이기도 합니다.

< 장점 >

- 즉각적인 성향으로 보고서를 빠르게 작성합니다.

- 실제 경험과 구체적인 사례를 활용해 재치있고 실용적인 보고서를 작성합니다.

- 데이터 기반의 실용적 분석을 통해 즉시 활용 가능한 시사점을 제공합니다.

- 정에 얽매이지 않는 개방적 표현으로 보고서의 메시지를 명확하게 전달합니다.

< 한계 >

- 단기적인 작성에 강하며 장기적, 전략적 관점이 부족합니다.

- 즉흥적이고 유연한 스타일로 보고서의 일관성이 흐트러질 수 있습니다.

- 직설적인 표현이 공격적으로 보여 의견 충돌로 이어지기도 합니다.

- 감성적 요소를 간과해 공감 설득형 보고서를 작성하는 데 한계를 보입니다.

여기서 잠깐! **MBTI 솔루션**

◎ Do

- 핵심 메시지를 명확하게 해 보고서를 간략히 작성하세요.

- 사례와 데이터를 함께 다뤄 흥미와 관심을 유발하세요.

- 내용이 장황하지 않은 압축된 보고서를 작성하세요.

✦ 잘 맞는 유형: ISTJ (현장 실행력과 안정적 계획이 더해져 리스크 최소화)

✕ Don't

- 이론이나 개념적인 것을 강조하지 마세요.

- 즉흥적인 아이디어나 흥미성 콘텐츠를 누락시키지 마세요.

- 상대방의 공감대를 얻을 수 있는 소재를 놓치지 마세요.

✦ 잘 맞지 않는 유형: INFJ (즉흥성과 안정성의 장기 방향성 대립)

실전 ESTP 보고서 원포인트 레슨

ESTP 유형의 장점인 순발력과 임기응변으로 내용이 과다한 보고서를 필요한 사항만으로 압축하는 기술을 학습해봅시다.

I. 최근 학교폭력의 현황

☐ **학교폭력 최초 발생 연령이 낮아지고 있는 추세**
  ○ 피해학생 중 53.5%가 초등학교 때 최초로 학교폭력 피해 경험
    * 초4-6학년: 36.0%, 초1-3학년: 17%
  ○ 가해학생 중 58.0%가 초등학교 때 최초로 학교폭력 가해
    * 초4-6학년: 43.1%, 초1-3학년: 14.9%

☐ **중학생의 학교폭력 발생 비율이 가장 높은 성향**
  ○ 학교폭력대책자치위원회 심의건수 중 중학교가 차지하는 비율이 전체의 69%(최근 3개년간 동일)
    * 총 심의건수 7,820건: 초 201건(3%), 중 5,366건(69%), 고 2,216건(28%)

☐ **정서적 폭력의 증가와 폭력의 지속성 확대**
  ○ 단순한 신체적 폭력이 아닌 강제적 심부름(금품갈취 포함) 46%, 사이버 폭력 34.9%, 성적 모독 20.7% 등 언어적 폭력증가
  ○ 처음 피해를 준 학생이 보복 폭행을 하거나(44.6%), 처음 피해를 준 학생이 친한 주의 학생과 함께(33.4%) 폭력 행사

☐ **학교폭력의 집단화 경향: '일진' 등 학교 내 영향력 증가**
  ○ 학교폭력 피해학생 중 66.2%가 2명 이상의 가해자에게 폭력을 당하고, 가해 학생의 수가 '6명 이상'인 경우가 16.3%에 이름
  ○ 학교별 일진이 서로서로에게 정보를 공유하여 피해자를 지속적으로 괴롭히는 문제발생

☐ **학교폭력에 대한 인식과 대응수준은 매우 낮은편**
  ○ 학교폭력을 사소한 장난으로 인식하거나 위장하고, 학교폭력을 목격하는 경우에도 방관하는 경향이 압도적으로 많음

사례와 데이터 등이 탄탄히 뒷받침되어 있고 실용적인 내용으로 잘 작성되었지만, 내용이 다소 산만하며 간결성이 떨어집니다.

> **I 최근 학교폭력의 현황**
>
> ☐ **초·중학생의 학교폭력 발생률 증가**
>   - 피해 학생 중 53.5%가 초등학교 때 최초로 학교폭력 피해 및 가해 경험
>   - 학교폭력대책자치위원회 심의건수 중 중학교 비율이 전체의 69%(최근 3개년간 동일)
>   * 총 심의건수 7,820건: 초 201건(3%), 중 5,366건(69%), 고 2,216건(28%)
>
> ☐ **정서적 폭력의 증가와 폭력의 지속성, 집단화 경향**
>   - 단순한 신체적 폭력이 아닌 강제적 심부름(금품 갈취 포함), 사이버 폭력, 성적 모독 등 언어적 폭력 증가
>   - 처음 피해를 준 학생이 보복 폭행을 하거나 친한 주위 학생과 함께 폭력 행사
>   - '일진' 등 학교 내 영향력 증가로 지속적 집단 괴롭힘 발생
>   ※ 피해 학생 중 66.2%가 2명 이상의 가해자에게 폭력을 당하고 가해 학생 수가 '6명 이상'인 경우가 16.3%에 이름
>
> ☐ **학교폭력에 대한 인식과 대응 수준은 매우 낮은 편**
>   - 학교폭력을 사소한 장난으로 인식하거나 위장하고, 이를 목격하는 경우에도 다수가 방관하는 경향

수치 사용은 꼭 필요한 부분으로 제한하고, 산만한 내용을 압축한 뒤 정리했습니다. ESTP 유형이 선호하는 재미있고 흥미로운 보고서는 아니지만 내용을 순발력 있게 잘 정리했다는 측면에서 의미가 있습니다.

ESFP
직관적이고 유연한 보고서 작성자
전달의 달인

　ESFP 유형은 섬세하고 감각적인 스타일로 보고서를 작성하며, 정형화된 형식에서 벗어나 자연스럽고 유연한 접근을 선호합니다. 분위기메이커 기질이 강해 상대방의 관심을 끄는 데 능숙하며, 실제 경험과 사례를 중심으로 현실감 있는 내용을 구성하는 것이 특징입니다. 상대방의 공감을 유도하는 표현과 이미지, 그래프 등 시각적 요소를 활용하는 데 익숙하며, 딱딱하고 경직된 보고서보다는 감성적이고 친근한 어조를 유지하려는 경향이 있습니다. 대인관계 능력이 좋다 보니 보고서의 수준이 조금 떨어지더라도 친화력으로 무사히 통과하는 장점도 있습니다.
　그러나 구체적, 단계적, 체계적인 논리 전개에 다소 어려움을 겪으며, 즉흥적인 스타일로 인해 보고서의 일관성이 부족할 가능성이 있습니다. 감성적 표현이 강해 보고서의 깊이와 논리적 뒷받침이 약할 수도 있습니다.

< 장점 >

\- 창의적이고 감각적인 스타일로, 상대방의 관심을 끄는 보고서를 작성합니다.

\- 즉각적인 실행력과 유연성을 갖춰 보고서를 빠르게 작성합니다.

\- 이미지, 그래프 등 시각 자료를 적극 활용해 직관적인 정보 전달이 가능합니다.

\- 감성적이고 설득력 있는 표현을 사용해 메시지를 효과적으로 전달합니다.

< 한계 >

\- 즉흥적이고 자유로운 스타일로 인해 논리적인 흐름이 부족합니다.

\- 구체적인 데이터나 분석보다는 경험과 감각에 의존하는 경향이 있습니다.

\- 깊이가 떨어져 공식적인 보고서를 작성하는 데 다소 어려움을 겪습니다.

\- 장기적인 계획이나 전략적인 접근이 부족합니다.

\- 공과 사, 일과 놀이의 구분이 모호할 수 있습니다.

여기서 잠깐! MBTI 솔루션

◎ Do

\- 자료와 핵심 메시지를 연결해 구성하세요.

\- 보고서 작성 이외의 인간적인 관계와 분위기를 고려하세요.

\- 상대방의 현실감각에 맞춰주세요.

✦ 잘 맞는 유형: ISFJ (공감에 기반한 안정감으로 현장 중시의 실행력 확보)

✕ Don't

\- 하고자 하는 내용을 분명히 표현하고, 소극적인 표현은 자제하세요.

- 재미와 흥미 요소를 놓치지 마세요.

- 현실감각과 일관성을 잃어버리지 않도록 주의하세요.

✦ 잘 맞지 않는 유형: INTJ(분위기와 경험을 무시하고 전략과 결과를 중시해 균형감각이 흐트러짐)

🔴 실전 ESFP 보고서 원포인트 레슨

사교적 행동파인 ESFP 유형의 특성이 잘 표현된, 순발력 있는 보고서를 만들어봅시다. 논리정연한 보고서보다는 포스터나 메시지 등을 전달하는 문서에 강한 ESFP 유형의 장점에 행동적인 성격을 가미해 짜임새 있고 인상 깊은 한 장의 문서를 작성할 수 있습니다.

회식 시 리더가 하지 말아야 할 7가지 수칙

1. 회식 장소 마음대로 정하지 않기
  … 부서 직원들의 자유로운 결정에 맡긴다.

2. 술잔을 권하거나 돌리지 않는다.
  … 각자의 주량에 따라 마시도록 함

3. 건배사를 강요하지 않도록 한다.
  …. 건배사는 희망하는 사람이 할 수 있도록 한다.

4. 업무이야기 금지
  … 회식자리에서 업무를 확인하거나 지시하지 않기

5. 일장훈시 하지 마라
  …. 주도적으로 이야기 하지 말고 이야기를 경청하도록 함

6. 계산에 인색하지 않도록 하라
  … 비용을 줄이려고 하고 계산을 회피하는 행위는 금지

7. 직원들과 계속 함께 하지 않기
  …. 1차만 하고 리더는 자리를 비워 주도록 한다.

지시문을 사용해 강력한 메시지를 전달하지만 서술어가 통일되지 않아 문체의 일관성이 약해 보입니다.

회식 시 리더가 하지 말아야 할 7가지 수칙

1. 회식 장소 마음대로 정하지 마라
… 부서 직원들의 자유로운 결정에 맡긴다.

2. 술잔을 권하거나 돌리지 마라
… 각자 주량에 따라 마시도록 권장한다.

3. 건배사를 강요하지 마라
…. 건배사는 희망하는 사람에게 맡긴다.

4. 업무 이야기는 하지 마라
… 회식 자리에서 업무를 확인하거나 지시하지 않는다.

5. 일장훈시하지 마라
…. 주도적으로 이야기하지 말고 경청한다.

6. 계산에 인색하지 마라
… 비용을 줄이려고 하거나 계산을 미루지 않는다.

7. 직원들과 계속 함께하지 마라
…. 1차만 하고 리더는 자리를 비워준다.

문장을 섬세하고 유연하게 다듬었습니다. 비슷한 항목이나 비슷한 내용의 끝부분 문체를 통일하면 전체적으로 정돈된 인상을 줄 뿐 아니라 메시지를 효과적으로 전달할 수 있습니다.

ENTP
열정적이고 변화무쌍한 보고서 작성자

변화무쌍 기획러

    ENTP 유형은 창의적이고 논리적인 사고를 바탕으로 보고서를 작성할 때도 독창적이고 혁신적으로 접근합니다. 변화를 추구하는 발명가답게 새로운 아이디어를 탐구하고 다양한 관점을 통합해 보고서를 구성합니다. 유연한 사고와 적응력을 지녀 변화하는 상황에 빠르게 대응하며 보고서의 방향을 조정합니다. 창의와 논리를 함께 추구해 상상을 초월하는 내용의 보고서를 만들어내는 ENTP 유형은 기획 보고서에 특히 강점을 보입니다. 하지만 변화 주도의 즉흥성과 다변성으로 인해 때때로 보고서의 구조가 산만해지거나 세부 사항을 놓칠 수 있습니다. 다른 사람과 비슷비슷한 보고서를 작성하는 것을 누구보다도 싫어하며 같은 주제의 보고서를 쓰더라도 다른 방식으로 쓰려고 노력합니다.

< 장점 >

- 창의적이고 혁신적인 아이디어로 상대방의 흥미를 유발합니다.

- 넓은 안목과 다양한 관점을 통합해 풍부하고 다각적인 내용을 제공합니다.

- 변화에 유연하게 대응하며, 최신 정보와 트렌드를 반영합니다.

- 복잡한 개념을 독창적이고 창의적으로 설명해 상대방의 이해도를 높입니다.

< 한계 >

- 자신감 있는 논리로 이론은 강하나 현실감각이 떨어질 수 있습니다.

- 세부 사항에 대한 주의가 부족해 중요한 정보를 놓칠 위험이 있습니다.

- 지나치게 많은 아이디어를 포함시켜 내용상의 질서가 무너질 수 있습니다.

- 논쟁을 즐기는 성향으로 인해 협업 시 갈등이 발생할 수 있습니다.

여기서 잠깐! MBTI 솔루션

◎ Do

- 다양한 아이디어를 탐색한 후 이를 논리적으로 잘 정리하세요.

- 혁신적인 예시나 모델, 이론적 근거를 포함시키세요.

- 다각적 관점으로 비교할 수 있는 자료를 포함시켜 보고서의 완성도를 높이세요.

✦ 잘 맞는 유형: INTJ (실험정신과 치밀한 계획이 만나 좋은 성과를 도출함)

✖ Don't

- 즉흥적인 아이디어만 나열하는 흐름에 주의하세요.

- 근거 없는 창의적인 주장을 전개하지 말고 논리를 보강하세요.

- 상대방의 주장을 논리로 맞받아치려 하지 마세요.

✦ 잘 맞지 않는 유형: ISFJ(전통과 안정성을 중시하는 가치관과 대립)

🔴 실전 ENTP 보고서 원포인트 레슨

창의적이고 논리적인 ENTP 유형은 보고서 중에서도 기획서 또는 제안서를 작성하는 역량이 뛰어납니다. 아래 예시한 상품기획서를 통해 ENTP 유형의 장점을 알아보겠습니다. 노인 전용 화장품이라는 창의적인 콘셉트를 바탕으로 도입(서론)부터 본문(본론), 맺음(결론)에 이르기까지 내용이 잘 정리되어 있습니다.

도입(서론) – 표지, 목차, 제안 배경, 제안 개요, 제안의 이점 등

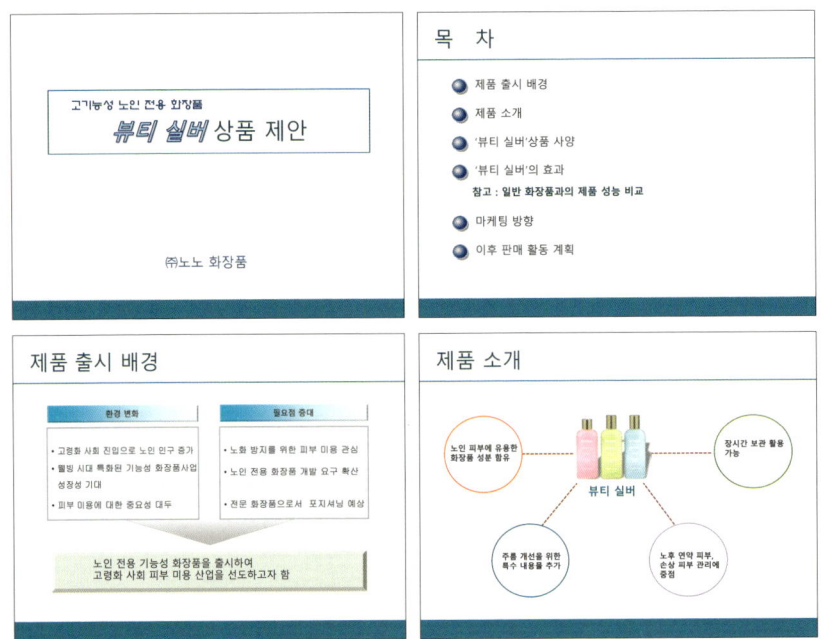

본문(본론) – 소요 자원(인력, 비용), 실적, 비교

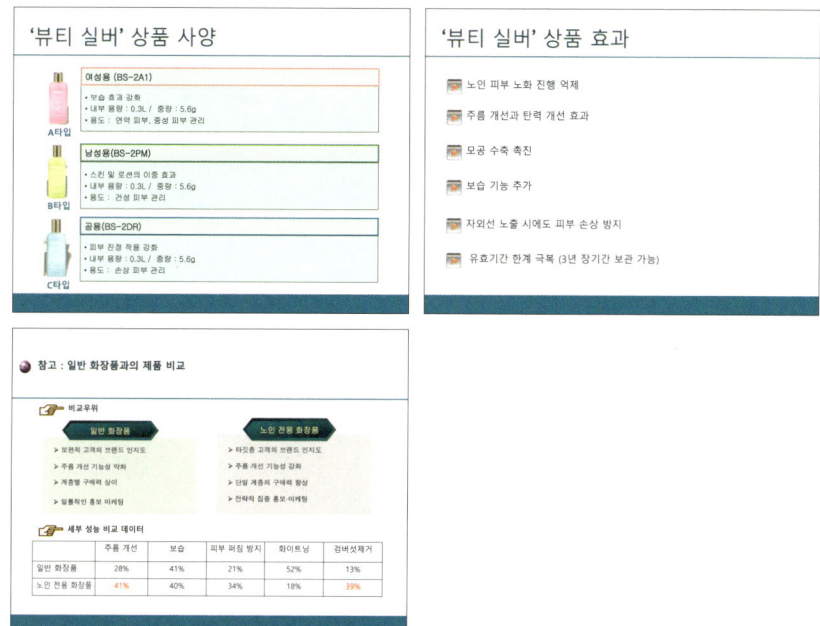

맺음(결론) – 실행 방안, 후속 조치, 장애 요소 또는 한계, 부가 사항

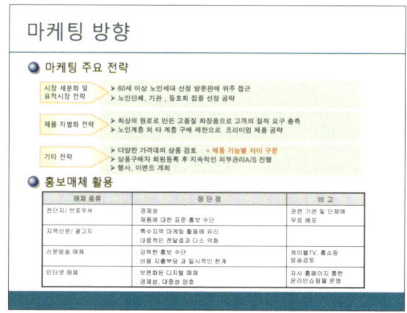
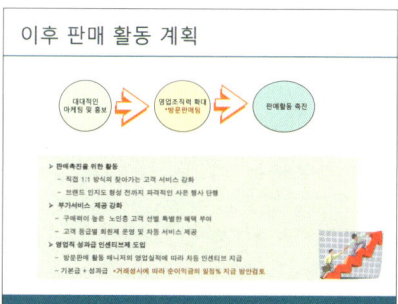

ENFP
창의적이고 자유로운 보고서 작성자

스토리 마법사

　　ENFP 유형은 보고서를 작성하는 것을 귀찮아하지만, 일단 시작하면 자유로운 사고와 창의적 발상을 바탕으로 뛰어난 보고서를 작성합니다. 논리적 틀에 얽매이지 않는 자유로운 접근법과 풍부한 상상력을 지녔으며, 트렌드에 민감하고 역동적인 접근 방식을 선호합니다. 단순한 정보 나열보다는 스토리텔링 방식이나 인포그래픽, 이미지, 예시 등 시각적 요소를 적극 활용합니다. 톡톡 튀는 아이디어가 넘치고 순간 대응이 뛰어나 매일매일 새로운 것을 추구하는 카피라이팅 같은 광고기획이나 인상적인 문구를 작성하는 데 탁월한 역량을 발휘합니다. 순발력도 뛰어나 어려운 내용을 쉽게 풀어내는 능력이 돋보입니다. 다만, 단기적으로 활용되는 창의적 보고서에는 강한 면모를 보이지만, 단계적으로 천천히 풀어가야 하는 프로젝트성 보고서를 작성하는 데는 상당한 어려움을 겪기도 합니다. 보고서를 작성할 때 벌여놓기만 하고 정리정돈하고 체계화하는 데는 약한 모습을 보입니다.

< 장점 >

- 신선한 아이디어와 감각적인 접근이 돋보입니다.

- 창의적인 문제 해결을 위한 새로운 관점을 제시합니다.

- 상대방이 흥미를 가질 수 있도록 보고서 구성을 역동적으로 설계합니다.

< 한계 >

- 논리적 구조가 약하고 흐름이 산만합니다.

- 실질적인 실행 계획이나 세부 사항이 부족합니다.

- 핵심 요점이 불명확하고 보고서가 장황해질 위험이 있습니다.

여기서 잠깐! MBTI 솔루션

◉ Do

- 창의적인 표현이 필요한 경우, 적극적으로 능력을 발휘하세요.

- 시각 자료와 사례를 적절히 활용해 전달력을 높이세요.

- 보고서를 작성하기 전, 개요를 잡아 전체의 구조적 일관성을 유지하세요.

✦ 잘 맞는 유형: INTJ(창의적 아이디어를 전략적으로 구조화해 경쟁력 있는 보고서를 완성함)

✖ Don't

- 논리적인 부분, 이성적인 부분을 강조하지 마세요.

- 최신 트렌드와 단기 영향 요소를 놓치지 마세요.

- 비주얼 시각화를 소홀히 하지 마세요.

✦ 잘 맞지 않는 유형: ISTJ(자유롭고 유연함과 엄격한 규칙의 충돌 우려)

실전 ENFP 보고서 원포인트 레슨

　보고서의 제목은 그 보고서의 방향을 암시하는 첫인상이라고 할 수 있습니다. 보고서를 받자마자 내용부터 보는 경우는 없기 때문이지요. 때로 어떤 보고서는 상대방의 흥미를 유발할 수 있을 만큼 독특한 제목이 필요합니다. 밋밋한 제목은 주목받지 못하는 보고서를 만들 뿐이지요. ENFP의 특징을 살려 인상적인 보고서 제목을 만들어봅시다.

　예를 들어, '판매 촉진 보고서'보다는 '영업력 향상을 위한 판매 촉진 보고서'라는 제목이 좋고, 이보다는 '영업이익 10배를 높이는 판매 촉진 보고서'라는 제목이 훨씬 눈에 들어옵니다. 창의적인 수식어를 잘 활용하면 보고서의 제목에 더욱 활기를 불어넣을 수 있습니다. 창의적인 제목을 짓는 능력은 ENFP 유형의 장점이라고 할 수 있습니다. '프레젠테이션 기법' 또는 '기획 보고서 작성법' 같은 평범한 제목도 창의적인 수식어를 덧붙이면 얼마든지 상대방의 관심을 유발할 수 있습니다. 아래 몇 가지 예를 제시합니다.

하루 만에 끝내는 **프레젠테이션** 기법

핵심을 콕 짚어내는 **프레젠테이션** 기법

발표의 신! **프레젠테이션** 기법

합격을 부르는 면접 **프레젠테이션** 기법

생성형 AI도 따라오기 힘든 **프레젠테이션** 기법

상사를 사로잡는 **기획 보고서** 작성법

단번에 통과하는 **기획 보고서** 작성법

한번에 OK 받아내는 **기획 보고서** 작성법

퇴근이 빨라지는 **기획 보고서** 작성법

AI와 함께 완성하는 **기획 보고서** 작성법

ESTJ

체계적이고 명확한 보고서 작성자

보고서 책임자

　　ESTJ 유형은 사업가 기질이 강합니다. 필요한 내용에 집중하는, 체계적이고 논리적인 보고서 작성자이지요. 보고서를 작성할 때 넓게 보기도 하고 좁게 보기도 하는, 거시적 사고와 미시적 사고가 동시에 발달한 리더라고 볼 수 있습니다. 그래서 보고서를 작성하는 것보다는 보고서를 작성시키는 것을 더 좋아하는 면모를 보입니다. 보고서를 작성할 때 상대방이 쉽게 이해할 수 있도록 '서론-본론-결론'으로 이어지는 명확한 논리적 흐름을 잘 이어갑니다. 추상적인 개념보다는 구체적인 데이터와 근거 등 객관적인 사실을 바탕으로 보고서를 작성해 신뢰성을 높입니다. 문장은 간결하고 직설적이며, 불필요한 미사여구 없이 핵심 내용을 빠르게 전달하는 것이 특징입니다. 보고서의 세부 사항까지 철저히 신경 써서 완성도를 높이며, 형식적인 부분에서도 통일성을 유지해 전문적인 인상을 줍니다. 피드백을 적극적으로 수용하며, 지속적으로 보고서를 개선하는 태도를 보입니다. 객관성과 신뢰성을 갖춘 효율적인 보고서를 작성하는 것은 강점이나 창의적 아이디어나 유연성을 보강할 필요가 있습니다.

< 장점 >

- 체계적인 구조와 명확한 논리로 신뢰성 높은 보고서를 작성합니다.
- 일정과 목표를 철저히 준수하며, 보고서를 작성할 때 추진력이 강합니다.
- 핵심 정보와 사실에 근거한 객관적이고 실용적인 접근이 돋보입니다.
- 직설적이고 논리적인 표현으로 메시지를 효과적으로 전달합니다.

< 한계 >

- 형식과 절차를 고수하느라 유연성이 부족합니다.
- 직설적이고 감성적 요소가 부족해 보고서가 딱딱하게 느껴집니다.
- 변화에 대한 저항으로 새로운 접근 방법을 적용하는 데 어려움을 겪습니다.
- 규칙을 중시해 자유로운 협업을 추구하는 사람과는 충돌할 가능성이 있습니다.

여기서 잠깐! **MBTI 솔루션**

◉ Do

- 보고서의 표준 형식을 잘 유지하세요.
- 보고서의 제목부터 항목과 문장까지 신경써주세요.
- 목표와 일정, 책임 소재를 분명히 드러내세요

✦ 잘 맞는 유형: ISFJ (추진력을 뒷받침하고 지원 관리하는 세심함이 있음)

❌ Don't

- 검증되지 않은 추측성 표현은 자제하세요.
- 절차와 형식을 강조하다 핵심 메시지를 놓치지 않도록 하세요.
- 느리게 작성하거나 감정을 개입하지 마세요.

✦ 잘 맞지 않는 유형: INFP(효율을 떠나 가치와 의미를 중시해 목표에 어긋남)

● 실전 ESTJ 보고서 원포인트 레슨

ESTJ 유형은 단계적이고 체계적으로 보고서의 맥락을 구성하는 능력이 뛰어납니다. 보다 완벽을 기하기 위해 보고서의 내용상 흐름과 목차를 구성하는 요령을 배워봅시다. 보고서의 맥락을 구성하는 전형적인 방식은 '서론-본론-결론'입니다. 다시 말해, 3단 논리 구성이지요. 그렇다고 보고서를 논문처럼 이런 형식에 맞춰 써야 하는 것은 아닙니다.

보고서의 3단 구성은 이를 반영한 S(Summary, 요약)-D(Detail, 상세)-S(Solution, 실행) 논리 전개가 무난합니다. 서론에서 전반적인 내용을 요약하고, 본론에서 상세한 사항을 다루며, 결론에서 실행의 방향성을 제시합니다. 한마디로 서론에서는 숲을 크게 그리고, 본론에서는 나무를 하나하나 심으며, 결론에서는 그 실행과 해결책을 논하는 것이지요.

- 향후 발전 방향
- 'AI 러닝 사업' 특장점
- 추진상의 고려 사항
- 사업 실적 근거 자료
- 'AI 러닝 사업' 실적
- 사업 추진 배경
- 'AI 러닝 사업'의 범위
- 사업 개요
- 사업 기대효과
- 세부 추진 일정

사업계획서의 목차가 두서없이 나열돼 있습니다. 이를 S-D-S 논리에 맞게 정리해봅시다. 'S(요약)'보다 앞서는 콘텐츠로 '머리 기획'이 있고, 'S(실행)'보다 나중에 나오는 콘텐츠로 '꼬리 기획'이 있는데, 이들을 각각 맨 앞과 맨 뒤에 위치하게 해 최종적으로 맥락과 목차를 설계하면 다음과 같습니다.

친화적이고 조화로운 보고서 작성자

소통 관리자

    ESFJ 유형은 사교적으로, 사람 중심의 소통형 보고서를 작성합니다. 타인과의 협력을 중시하기 때문에 보고서를 작성할 때도 이런 특징이 반영됩니다. 상대방이 쉽게 이해하고 공감할 수 있도록 친절한 문장과 가독성 높은 구성을 중요하게 여깁니다. 딱딱한 형식보다는 감정적으로 몰입할 수 있는 보고서에 중심을 둡니다. 보고서를 작성할 때도 사람들의 의견을 적극 수렴해서 균형 잡힌 시각과 포괄적인 내용을 담으려고 노력합니다. 체계적인 구성과 꼼꼼한 검토를 통해 신뢰도를 높이며, 보기 좋은 레이아웃과 정돈된 형식을 유지해서 깔끔한 인상을 줍니다. 그러나 객관적인 분석 없이 자신의 생각에 치우쳐 논리성과 전체적인 맥락을 파악하는 데 취약할 수 있고, 함부로 속단하는 경향이 있습니다. 또한 지나치게 다른 사람들의 의견에 의존하거나 갈등을 피하려는 경향을 보입니다. 독창성이나 비판적인 분석이 부족할 수 있습니다.

< 장점 >

- 보고서 작성 과정에서 팀원들과의 원활한 소통으로 시너지를 발휘합니다.

- 상대방의 입장을 고려해 쉬운 언어를 사용해서 친근함을 표현합니다.

- 다양한 의견을 수렴해 반영함으로써 조화로운 내용을 제공합니다.

- 일정과 목표를 준수하며, 신뢰할 수 있는 결과물을 제공합니다.

< 한계 >

- 타인의 의견에 지나치게 의존하며 창의적인 아이디어가 부족합니다.

- 비판적인 분석이나 의견 대립을 회피하는 경향이 있어 깊이 있는 논의가 어렵습니다.

- 익숙한 방식이나 전통을 선호해 새로운 접근을 시도하는 데 저항이 있습니다.

- 객관적인 데이터보다 감정이입에 의존해 보고서의 설득력이 떨어집니다.

여기서 잠깐! MBTI 솔루션

◉ Do

- 상대방의 입장에 맞춘 친절한 문장을 작성합니다.

- 다양한 의견을 조율해 균형 잡힌 내용을 구성하세요.

- 보고서의 레이아웃상 균형과 조화를 도모하세요.

✦ 잘 맞는 유형: INFP (관계 조율 면에서 잘 받쳐주고 감성적으로 촉진해줌)

✖ Don't

- 무리하게 논리적, 체계적 입장만 강조하지 않도록 하세요.

- 상대방이 속단하지 않도록 객관적인 데이터를 소홀히 하지 마세요.

- 상대방의 간섭에 맞대응하지 마세요.

✦ 잘 맞지 않는 유형: ISTP(보수적이고 분석적인 교류 방식에서의 부조화 우려)

● 실전 ESFJ 보고서 원포인트 레슨

조화로운 보고서를 작성하는 데 뛰어난 ESFJ 유형은 기안서를 작성할 때 특히 빛을 발합니다. 가장 정형화된 문서라고 할 수 있는 기안서는 가독성 있는 형태로 기본에 충실하게 써야 합니다. 특히 회사나 조직에서 품의서라고 하는 기안서를 작성하는 능력은 신입 직원에서 고위 관리자에 이르기까지 공통적으로 필요한 역량입니다. 간단한 물품 구입부터 대규모 사업 계획까지 모두 기안서를 통해 이루어지니까요. 기안서는 창의력이 요구하기도 하지만 있는 자료를 잘 분석해서 정해진 틀에 맞게 잘 정돈하는 기술이 필요합니다. 순리적이며 친선을 도모하는 성격의 ESFJ 유형은 간단한 기안서를 작성하는 데도 적극적인 모습을 보입니다. 기안서 쓰는 절차를 학습해봅시다.

예를 들어볼까요. 업무용 프린터의 교체를 건의하는 기안서입니다. 아래 정보를 바탕으로 기안서를 만들 수 있습니다. 기안서의 기본 항목은 제목, 관련 근거 또는 핵심 의견, 내용 구성, 부가 자료, 안내(붙임 또는 첨부)로 이루어집니다.

- 업무용 프린터가 낡았으나 예산이 계속적으로 반영되지 않아 그동안 아무런 검토가 이루어지지 않았으며, 현재 시급히 구입 교체가 필요한 시점임.
- 노후화에 따른 잔고장으로 정비 소요 비용이 빈번히 생김.
  얼마 전 문서 출력 업무가 많은 경우가 발생했을 때, 고장으로 인해 직원들의 불편 사항이 폭주함.
- 현재 프린터는 출력 속도가 느리고 유지비가 많이 드는 레이저 프린터이기 때문에 무한리필 잉크젯 프린터로 교체함이 바람직할 것으로 여겨짐.
- 새해 들어 신규 장비 구입 예산 반영(총무과 수선비 내역)으로 구입 가능성이 충분함.
- 현재 업무용 프린터 모델 현황과 교체를 검토하는 프린터에 대한 세부 정보 내역은 붙임자료로 제시함.

먼저, 기안서의 제목부터 정합니다. 기안서의 제목은 한 줄로 간단히 작성합니다. 기안서의 구조는 제목 아래 '1. 가. 1) 가)' 등의 항목으로 이루어집니다. 일반적인 공문서의 경우, 제목 아래 '1.' 항목에 관련 또는 관련 근거라고 명시합니다. 이어 '2.' 항목에 전체 내용을 아우르는 2~3줄 이내의 설명 문장을 붙입니다. '1.'의 관련 근거가 없으면 곧바로 설명 문장을 붙이기도 합니다.

```
수신자  내부결재
(경유)
제목   업무용 프린터 교체 검토 건의


  1. 관련 근거
  2. 업무용 프린터가 낡아 시급히 구입이 필요한 시점에 이른 관계로 구입 의견을
     건의하오니 검토 바랍니다.
```

기안서의 전체적인 형식을 구성해봅시다. 항목을 어떻게 구성하고 흐름을 어떻게 이어갈지 구상합니다. 말하자면 기안서의 뼈대를 설정하는 것이지요.

```
수신자   내부결재
(경유)
제목   업무용 프린터 교체 검토 건의


  1. 관련 근거
  2. 업무용 프린터가 낡아 시급히 구입이 필요한 시점에 이른 관계로 구입 의견을
     건의하오니 검토 바랍니다.

    가.




    나.




  붙임
```

이제 기안서의 내용을 이루는 항목과 윤곽을 잡아봅시다. 특히 항목을 설정하는 것은 보고서의 핵심 잡기 능력이라고 할 수 있습니다.

```
수신자   내부결재
(경유)
제목   업무용 프린터 교체 검토 건의


  1. 관련 근거
  2. 현 업무용 프린터가 낡아 시급히 구입이 필요한 시점에 이른 관계로 구입 의견을
     건의하오니 검토 바랍니다.

    가. 교체 사유



    나. 구입 검토



  붙임
```

마지막으로 최종 내용을 구성해봅시다. 중요한 부분은 '※' 표시로 강조합니다. 이는 결재 시 주요 참고점이 될 수 있습니다. 별도로 관심을 기울여야 할 기타 사항에는 '*' 표시를 했습니다. 정보의 누락이 발생하지 않도록 주의를 기울여야 합니다. 마지막으로 붙임자료 안내는 각각 번호를 붙이고 부수도 표시합니다. 보통 1부를 첨부하는데 전자 결재의 경우, 파일 첨부라고 생각하면 쉽습니다. 최종 기안서는 다음과 같습니다.

업무용 프린터 교체 검토 건의

1. 관련
2. 현 업무용 프린터가 낡아 시급히 구입이 필요한 시점에 이른 관계로 구입 의견을 건의하오니 검토 바랍니다.

  가. 교체 사유

      1) 교체 시기임에도 예산 미반영으로 검토에 소홀
      2) 노후화로 인한 빈번한 잔고장으로 정비 소요 비용이 발생
      ※ 특히 **문서 출력 업무 과다 발생 시** 고장으로 인한 **직원들의 불편 초래**

  나. 구입 검토

      1) 2025년 신규 장비 구입 예산 반영
        * 총무부 수선비 내역으로 구입 가능
      2) 구형 레이저 프린터를 무한리필 잉크젯 프린터로 교체하여 유지비용 개선

붙임 1. 현 업무용 프린트 모델 현황 1부.
       2. 교체검토 프린터 세부내역 1부. 끝.

ENFJ
감성적이고 설득력 있는 보고서 작성자
공감 문서의 달인

ENFJ 유형은 타고난 리더십과 강한 공감 능력을 바탕으로 감성적이면서도 설득력 있는 보고서를 작성합니다. 표현이 매끄럽고 내용이 풍부해 상대방을 설득하는 능력이 뛰어나고, 보고서를 통해 동기를 부여하는 것이 특징입니다. 보고서의 목적과 방향을 분명히 설정해 상대방이 전체적인 흐름을 쉽게 파악할 수 있도록 구성합니다. 또한 언변이 유창하며, '서론-본론-결론' 구조를 체계적으로 유지합니다. 복잡한 용어보다는 쉽고 명확한 표현을 사용해 가독성을 높이고, 세부 사항을 꼼꼼하게 검토해 보고서의 완성도를 높이는 것도 ENFJ 유형의 강점입니다. 일관된 형식과 깔끔한 디자인을 유지하며, 피드백을 적극적으로 받아들여 상대방의 요구와 기대를 반영한 맞춤형 보고서를 작성해내기도 합니다. 하지만 보고서를 쓰는 것보다 말로 보고하는 데 더 뛰어난 역량을 발휘하며, 칭찬이나 비판에 민감해서 칭찬을 받으면 보고서를 더 잘 쓰고 질책을 받으면 의기소침해지는 등 보고서 작성이 기분에 따라 좌우되는 면이 있습니다. 따라서 보고서 내용의 객관성을 유지해야 하는 것도 ENFJ 유형에게는 중요한 과제입니다.

< 장점 >

- 상대방의 감정을 사로잡는 이야기로 메시지를 효과적으로 전달합니다.
- 상대방의 감정을 반영해 보고서의 설득력을 높입니다.
- 보고서 작성 과정에서 인화력을 발휘해 다른 사람의 의견을 존중합니다.
- 인간관계를 중시해 보고서에 따뜻함과 진정성을 부여합니다.

< 한계 >

- 주관적인 감정에 치우쳐 데이터나 논리적 근거가 부족할 수 있습니다.
- 타인의 감정에 지나치게 공감해 스트레스를 받기도 합니다.
- 비판을 개인적인 것으로 받아들여 상처를 받을 수 있습니다.
- 현실적인 것보다 이상적인 목표를 추구할 가능성이 있습니다.

여기서 잠깐! MBTI 솔루션

◉ Do

- 도입부에 명확한 비전과 목표를 제시해 임팩트 있게 작성해보세요.
- 인간미를 반영한 설득력 있는 표현을 적극 활용하세요.
- 감성적 메시지에 객관적 데이터를 결합해보세요.

✦ 잘 맞는 유형: INFP(공동의 상상력을 펼치고 스토리를 메꿔주는 성향)

❌ Don't

-상대방의 의견에 반대 의견을 제시하지 마세요.

-보고서 작성의 타이밍을 놓치지 마세요.

-칭찬이나 비판 등 한쪽 방향에 치우치지 마세요.

✦ 잘 맞지 않는 유형: ISTP(조용하고 최소한의 교류를 선호해 리듬이 어긋남)

🗨 실전 ENFJ 보고서 원포인트 레슨

감정을 살린 설득력 있는 보고서를 작성하는 데 강점을 보이는 ENFJ 유형은 상황 보고서나 언론 홍보 기사문을 작성할 때 두각을 나타냅니다. 상황을 유연하게 해석하면서 자신이 느낀 부분을 절제 있고 정돈된 표현으로 작성합니다. 아래는 상황에 대한 전반적인 정리와 상황이 일어나기까지의 경과 또는 원인, 그리고 이를 해결하고 조치를 취한 이후의 방향성까지 깔끔하게 작성된 상황 보고서의 예시입니다. 이런 패턴은 언론의 보도기사에서도 쉽게 찾아볼 수 있습니다.

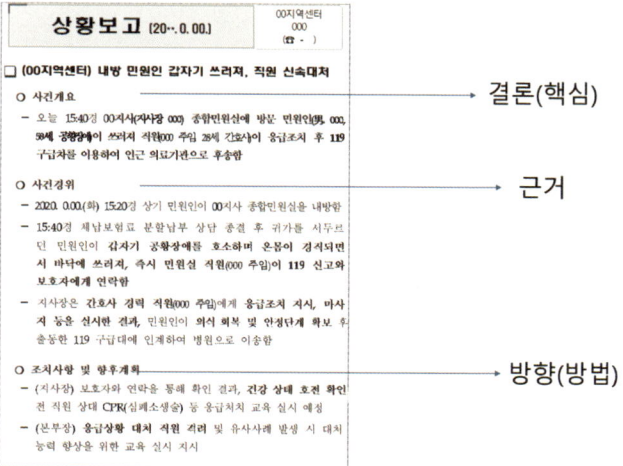

언론의 보도기사 또한 상상력과 감성을 바탕으로 내용을 패턴에 맞게 체계적으로 정리한 것을 볼 수 있습니다.

식약처, 노로바이러스 예방 위해 어린이집, 유치원 등 위생수칙 준수 당부

- 노로바이러스 환자 지속 증가추세, 영유아(0~6세) 환자 51.4% 차지(질병관리청)
- 어린이집, 유치원 등 급식 조리 종사자 등의 위생관리와 살균소독 철저 당부
- 교육·홍보자료 배포, 식중독 발생 어린이집 등에 대한 재발 방지 점검 강화

식품의약품안전처(처장 오유경)는 최근 **노로바이러스 감염증 환자**가 지속적으로 증가*하는 추세에 따라 **집단생활**을 하는 **어린이집·유치원** 등 **영유아 시설**의 **위생수칙 준수**를 당부했다.

* 질병관리청 표본감시 : '25년 1주(369명), 2주(372명), 3주(390명), 4주(469명)

노로바이러스(*Norovirus*)는 겨울철부터 이듬해 봄까지 주로 발생하며 전염성이 강하고 감염되면 구토, 설사 등의 증상을 일으키므로, 어린이집 등에서 노로바이러스 식중독이 발생하지 않도록 관련 종사자들의 각별한 주의가 필요하다.

※ 노로바이러스 감염 예방을 위한 어린이집 급식·시설관리 등 종사자 행동 요령
① 손 씻기 생활화(흐르는 물에 비누로 30초 이상 손 씻기)
② 채소류는 염소계 소독액에 5분간 담근 후 수돗물 3회 이상 세척, 어패류는 중심온도 85℃, 1분 이상 조리
③ 조리 종사자 구토 등 증상 발생 시 2~3일간 조리에 참여하지 않기, 어린이 증상 시 등원 자제
④ 구토물 및 주변 즉시 소독, 문고리, 손잡이 등 소독 철저
⑤ 구토물이 묻은 옷은 단독 고온 세탁(50℃ 이상)

식약처는 최근 **노로바이러스 감염증 환자** 중 **영유아**(0~6세) 환자가 차지하는 **비중**(51.4%)이 높음에 따라 **영유아 시설**의 노로바이러스 식중독 예방을 위해 **어린이집연합회, 유치원연합회** 등 관련 단체를 통해 식중독 예방 요령이 담긴 **교육·홍보자료**를 배포하였다.

목표 지향적이고 전략적인 보고서 작성자

전략 보고서 킬러

    ENTJ 유형은 목표를 명확히 설정하고 전략적으로 보고서를 작성하는 리더형입니다. '핵심부터 빠르게 파악하고, 전달한다!'는 원칙을 기반으로 불필요한 정보 없이 논리적으로 정리된 보고서를 선호합니다. 서론, 본론, 결론이 명확하게 구분된 체계적인 구조를 유지하며, 구체적인 데이터와 근거를 활용해 신뢰도를 높이기도 하지요. 또한, 강한 추진력과 결단력을 바탕으로 빠른 의사결정을 내리고, 보고서를 통해 실행 가능한 전략을 제시합니다. 간결하고 직관적인 표현을 사용하며 불필요하고 소모적인 내용은 철저하게 배제하는 유형입니다. 기한을 철저히 준수하며, 효율성을 중시하기에 실행 또는 결과 중심의 보고서에 강합니다. 반면 다른 사람의 의견을 받아들이는 경청의 태도가 부족하고, 상대방의 감정을 세심하게 헤아리는 데도 미흡한 모습을 보입니다. 이런 특성으로 인해 보고서를 작성할 때 다소 독단적으로 보일 수 있다는 부분은 단점으로 지적됩니다.

< 장점 >

- 보고서의 목적을 분명히 해 상대방이 핵심 메시지를 쉽게 이해할 수 있습니다.

- 데이터와 근거를 기반으로 한 논리적인 전개로 신뢰성을 높입니다.

- 실질적인 해결책과 실행 가능한 전략을 제시해 보고서의 실효성을 극대화합니다.

- 신속한 의사결정과 체계적인 일정 관리를 통해 보고서를 기한 내 완성합니다.

- 카리스마 넘치는 보고서 작성 스타일로, 강한 추진력을 보입니다.

< 한계 >

- 계획을 고수하느라 변화하는 상황에 유연하게 적응하는 데 어려움을 겪습니다.

- 감성적인 표현이 부족해 보고서가 다소 딱딱하게 느껴집니다.

- 자신의 의견을 강하게 주장해 타인의 의견을 충분히 반영하지 못합니다.

- 자신만의 원칙과 전략을 따라오지 못하는 사람을 싫어합니다.

여기서 잠깐! MBTI 솔루션

⊙ Do

- 보고서의 목표와 성과 지향적 실행 전략을 분명히 하세요.

- 장기 전략과 단기 실행 계획을 균형 있게 포함시키세요.

- 상대방의 비전과 전략을 공유하세요.

✦ 잘 맞는 유형: ENTP (목표 지향적 외향성과 만나 혁신적 솔루션 창출 가능)

✕ Don't

- 주도하거나 따지고 들지 마세요.

- 의도를 숨기지 말고, 간접적으로 표현하지 마세요.
- 통제하고 관리하는 부분에 이긋남을 보이지 마세요.

✦ 잘 맞지 않는 유형: ISFP (직설적인 성향이 자율 감성을 중시하는 작업 흐름과 상충)

🗨 실전 ENTJ 보고서 원포인트 레슨

전략적 사고를 바탕으로 한 정책기획은 ENTJ 유형의 전매특허입니다. 전략 목표와 방향을 잘 잡는 유형임을 감안해 '정부 4.0'(가제)이라는 콘셉트의 기획안을 제출하는 경우를 상정해보겠습니다. 정부 4.0은 제4차 산업혁명과 AI 시대에 부응한 정부 운영 패러다임을 상징하는 키워드를 바탕으로 설정한 제목입니다. 정책 기획 보고서 '정부 4.0 기본 추진 계획'의 큰 틀과 일부 핵심 내용을 아래 제시했습니다.

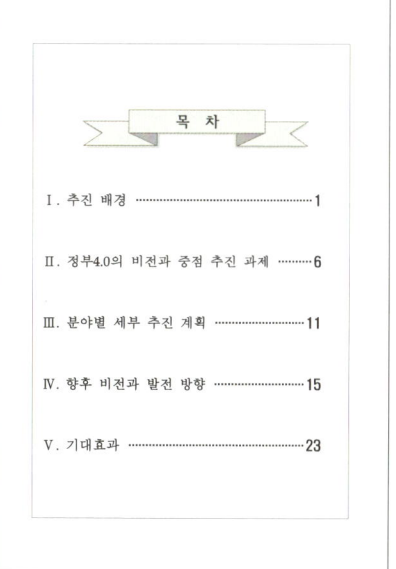

I 추진 배경

□ 행정 환경의 변화와 새로운 도전

○ 저성장 구조 속에서 경제부흥의 새로운 모멘텀 필요
  - 고용률 정체, 양극화 심화 등 위기를 타개할 신성장 동력 창출 시급

○ 기존의 방식으로 풀기 어려운 복잡다기한 사회문제의 대두
  - 기후·환경 변화, 에너지·식량 부족, 저출산·고령화 등 국가간·부처간 공동대응이 필요한 과제 급증

○ 지식정보사회로의 전환에 따른 정부-국민간 관계 변화
  - 정부와 민간의 관계가 일방향적 관계에서 협력관계로 변화
  - 모바일·SNS 등 확산에 따라 정책에 대한 참여, 투명성 요구 증대

○ 지식과 기술의 융복합 혁명이 새로운 기회요인으로 등장
  - 다양한 정책문제 해결 및 맞춤형 서비스 제공 수단으로 ICT 기술 활용 필요성 제기

※ 정부3.0이란?
- 공공정보를 적극 개방·공유하고, 부처간 칸막이를 없애고 소통·협력함으로써
- 국정과제에 대한 추진동력을 확보하고 국민 맞춤형 서비스를 제공함과 동시에 일자리 창출과 성장기반 경제를 지원하는 새로운 정부운영 패러다임

□ 우리 정부의 현주소와 국민의 바람

○ 공공정보에 대한 접근 제약으로 정책의 투명성·수용성 저하
  * 국제투명성기구 부패인식지수 순위 ('2*) 40위 → ('2*) 39위 → ('2*) 45위

- 1 -

○ 정부 내 칸막이로 적시성 있고 효과적인 정부운영에 한계
  * 국제경영개발원(IMD) 발표 국가경쟁력 22위, 정부효율성 25위('12)

○ 높아진 국격에도 불구하고 국민이 느끼는 만족감 저조
  * OECD국가 중 자살률·이혼율 1위, 국민행복지수(GNH) 97위('2*. 롯갤럽조사)

⇒ 「투명하고 유능한 서비스 정부」 구현으로 국민행복 증대

II 정부3.0의 비전과 중점 추진과제

1. 비전과 전략

- 2 -

4장

최적의 케미는 글쓰기에 있어요

글쓰기의 기본과 MBTI 선호지표

글쓰기 원칙	적합한 MBTI 지표	설명
쉽게 써라	ES (외향형&감각형)	외향적이며 현실적인 표현을 중시. 독자가 이해하기 쉬운 글을 선호함.
짧게 써라	TP (사고형&인식형)	논리적이고 즉흥적으로 사고. 불필요한 내용을 제거하고 핵심만 강조하는 글을 씀.
글을 과감하게 버려라	NP (직관형&인식형)	직관적이며 즉흥적으로 사고함. 여러 아이디어를 실험하고 불필요한 글을 과감히 삭제하는 경향이 있음.
표준어를 써라	SJ (감각형&판단형)	현실적이고 규칙을 중시. 문법과 형식을 철저히 따르며 정확한 표현을 선호함.
표기법을 준수하라	ST (감각형&사고형)	객관적이고 논리적 디테일이 있음. 정형화된 원칙에 따라 검증되고 신뢰있는 데이터 활용과 기술을 중시함.
잘 쓴 글을 벤치마킹하라	TJ (사고형&판단형)	논리적이며 체계적인 사고를 하는 유형. 기존 성공 사례를 분석하고 적용하는 것을 중요하게 여김.

과학적으로 검증된 사실은 아니며 일반적인 경향성을 반영한 것입니다. 해당 지표가 반드시 그렇게 글쓰기를 하라는 단정적인 의미는 아니라는 점을 양지하여주시기 바랍니다.

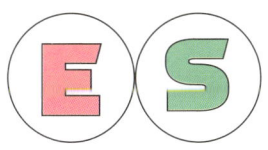

쉽게 써라

쉽게 이해할 수 있는 글이야말로 좋은 글입니다. 현실감각이 뛰어나고 디테일한 보고서 작성에 강한 ES 유형은, 상대방이 쉽게 이해할 수 있는 글을 쓰는 장점이 있습니다. 상대방이 읽고 단숨에 이해할 수 있는 글이 최고의 글입니다. 쉬운 글을 쓰려면 전문적인 표현을 최대한 자제해야 합니다.

모 제약회사의 약품 설명서입니다.

이 약은 크기가 비교적 큰 **도색의 정제**로 복용 시 **식도에 정류하여 붕괴**될 위험이 있습니다. **연하곤란**에 유의하시고 과다 복용 시 드물게 두통 등의 **항진** 우려가 있음을 인지해주시기 바랍니다.

굵게 표시된 부분은 한자를 병기하지 않으면 무슨 내용인지 알 수 없습니다. 보다 쉬운 언어로 수정해봅시다.

이 약은 크기가 비교적 큰 **복숭아색 알약**으로, 복용 시 **식도에 달라붙어서 녹아내리**릴 위험이 있습니다. **삼키기 곤란하니** 유의하시고 과다 복용 시 드물게 두통 등의 **증상이 더욱 심해질** 우려가 있음을 인지해주시기 바랍니다.

🗨 ES형 쉽게 쓰는 문장 예제

1. 당사는 클라이언트의 니즈를 충족시키기 위해 보다 다이내믹한 접근 방식을 채택하고 있습니다.
→ 우리 회사는 고객의 요구를 충족시키기 위해 보다 역동적인 접근 방식을 채택하고 있습니다.

2. 본 프로젝트는 다각적인 분석과 전략적 접근을 통해 시장점유율 확대를 목표로 하고 있습니다.
→ 이 프로젝트는 여러 방면으로 분석하고 전략적으로 접근해 시장점유율을 늘리는 것을 목표로 합니다.

짧게 써라

짧은 문장이 강한 메시지를 만듭니다. 길게 설명할수록 핵심은 흐려집니다. 논리적이고 유연한 TP 유형은 문장을 짧게 압축해서 쓰는 장점이 있습니다. 잘 쓴 글은 한 문장만으로도 충분합니다.

휴대폰 문자메시지를 보내는 경우를 생각해봅시다.

안유형 대리 영업 잘하고 있지? 연락이 잘 안 되네. 거래처 일로 많이 바쁜가 보군. 다름이 아니라 대표님이 급히 영업실적 자료를 요청하셨는데 안 대리가 자리에 없어서 찾을 수가 없네. 간단한 대리점별 실적 비교인데 말이야. 메시지 받는 대로 바로 연락 좀 해주게. 상황이 좀 급해.

상황의 긴박함을 표현하는데, 구구절절 장황한 메시지를 보낼 필요가 있을까요? 용건만 간단하게 쓰면 어떨까요?

안 대리, 영업실적 관련 대표이사 요청 사항이 발생했어. **즉시 연락 바람.**

🔴 TP형 짧게 쓰는 문장 예제

1. 매일 우리를 도와주는 청소 도우미 아주머니의 수고에 대한 고마움을 제대로 인식하지 못하고 있듯이, 우리는 주변 사람들의 소중함을 마음속에 깊이 되새기지 못하고 생활하는 경우가 종종 있다.
→ 매일 우리를 도와주는 청소 도우미 아주머니의 수고에 대한 고마움을 모르듯이, 주변 사람들의 소중함을 잊고 생활하는 경우가 종종 있다.

2. 행사에 소요되는 비용은 거의 확정된 범위이므로 다시 한번 검토의 여지가 없지만 인건비와 장비 임대료 부분은 최초 계획에서 고려하지 않았기 때문에 해당 부분에 대한 소요 비용을 추가해 이를 행사 계획에 적극적으로 반영해야 합니다.
→ 행사에 소요되는 비용은 확정된 범위이기에 다시 검토할 여지가 없지만, 최초 계획에서 고려하지 않은 인건비와 장비 임대료 부분은 소요 비용을 추가해 행사 계획에 적극 반영해야 합니다.

글을 과감하게 버려라

좋은 글은 쓰는 것보다 버리는 과정에서 완성됩니다. 불필요한 문장은 과감히 지워야 합니다. 직관이 뛰어나고 유연한 NP 유형은 불필요한 것을 잘 덜어내는 장점이 있어요. 삭제는 글을 비우는 것이 아니라 보다 강하게 만드는 글쓰기 기술입니다.

아래 문장 중 삭제해도 괜찮은 단어를 찾아봅시다.

작년도 실적은 **매우** 좋았다.
전**번**년도에 대비하여 **대략** 20%나 상승했다.
이런 상승세가 계속된다면 금년에는 **가능한 한** 빠른 시일 내에 **괄목할 만한** 성과가 나타날 것으로 기대된다.
그리고 올해는 **확실히** 30% 이상의 매출 성장을 목표로 하고 있다.

위 문장에서 굵게 표시한 부분은 삭제해도 무리 없는 부분입니다. 불필요한 단어만 덜어내도 문장은 완벽해집니다.

작년도 실적은 좋았다.
전년도에 대비하여 20%나 상승했다.
이런 상승세가 계속된다면 금년에는 빠른 시일 내에 성과가 나타날 것으로 기대된다.
올해는 30% 이상의 매출 성장을 목표로 하고 있다.

● NP형 삭제 문장 예제

감탄할 만한 우수한 성과를 낸 직원이 압도적으로 승진에 유리하다.
→ 우수한 성과를 낸 직원이 승진에 유리하다.

불필요한 수식어는 삭제하는 게 원칙입니다. 위 문장의 '감탄할 만한', '압도적으로'는 주관적 표현으로, 불필요합니다.

새 건물에 대체적으로 만족할 만한 넓은 사무실을 제공할 예정이다.
→ 새 건물에 넓은 사무실을 제공할 예정이다.

모호한 표현은 삭제하는 것이 원칙입니다. '대체적으로', '만족할 만한' 등은 확실하지 않은 모호한 표현입니다.

그러한 아이디어를 내고 그리고 실행하지 않는 것은 어리석은 행위다.

→ 아이디어를 내고 실행하지 않는 것은 어리석은 일이다.

접속어는 가급적 쓰지 않는 게 좋습니다. '그리고', '그러므로' 등은 불필요한 접속어입니다.

우리 모두는 더 발전하고 싶은 비전을 우리 모두의 마음속에 품고 있습니다.

→ 우리 모두는 더 발전하고 싶은 비전을 마음속에 품고 있습니다.

중복 어구는 삭제합니다. '우리 모두'라는 단어가 중복되지 않도록 삭제합니다.

현행 교육 운영의 문제점
 - 교육생 선발 방식의 합리성 **부족**
 - 교육 수요기관의 올바른 교육 마인드 **부족**
 - 맞춤형 교육 및 사후관리 체계 **부족**

→ 현행 교육 운영의 문제점
 - 교육생 선발 방식의 합리성 **부족**
 - 교육 수요기관의 올바른 교육 마인드 **부재**
 - 맞춤형 교육 및 사후관리 체계 **미흡**

중복 어구가 있으면 단어를 적절히 바꿔 똑같은 말이 반복되지 않도록 합니다. 중복되는 단어는 버리고 대체 단어를 쓰는 것이 바람직합니다.

표준어를 써라

보고서를 작성할 때 표준어를 사용하는 것은 정확한 소통의 기본 조건입니다. 맞춤법에 어긋나는 표현은 전달하려는 의미를 흐립니다. 올바르게 작성된 문장은 읽는 이에게 신뢰를 줍니다. SJ 유형의 강점인 정확하고 바른 문장을 사용하는 것을 생활화해야 합니다.

아래 예시에서 표준어를 찾아봅시다.

며칠 내로(○) / 몇 일 내로(×) 발송하다.
대가를(○) / 댓가를(×) 지불하다.
확률이 높다, 낮다.(○) / 적다, 많다.(×)
한국의 위상을 높여야 한다.(○) / 올려야 한다.(×)

아래 예시에서 맞는 외래어 표기법을 찾아봅시다.

워크숍(○) / 워크샵(×)

프레젠테이션(○) / 프리젠테이션(×)

매뉴얼(○) / 메뉴얼(×)

카탈로그(○) / 카달로그(×)

플래카드(○) / 플랭카드, 플랜카드(×)

● SJ형 표준어 문장 예제

신입사원에게 시계를 (가르치며 / 가리키며) 마감 시간 업무 행동을 친절히 (가르쳐 / 가리켜)주었다.

→ 신입사원에게 시계를 **가리키며** 마감 시간 업무 행동을 친절히 **가르쳐**주었다.

지식이나 기술 등을 전수할 때는 '가르치다'라고 하며, 방향이나 대상을 손이나 물건으로 지적하는 것은 '가리키다'라고 합니다.

우리는 안전관리자(로서/로써) 책임을 다해야 한다. 그렇게 함(으로서/으로써) 안전한 업무 환경을 조성할 수 있다.

→ 우리는 안전관리자**로서** 책임을 다해야 한다. 그렇게 함**으로써** 안전한 업무 환경을 조성할 수 있다.

신분이나 자격을 나타낼 때는 '~로서', 수단과 방법을 나타낼 때는 '~로써'를 사용합니다.

이번 회의 자료는 파워포인트로 작성 시 눈에 (띠는/띄는) 색상을 사용하고 전체적으로는 파란색 기운을 (띠게 / 띄게) 제작했으면 합니다.

→ 이번 회의 자료는 파워포인트로 작성 시 눈에 **띄는** 색상을 사용하고 전체적으로 파란색 기운을 **띠게** 제작했으면 합니다.

'띄다'는 눈에 보인다는 의미이고, '띠다'는 특정한 성질이나 색상을 표현할 때 사용합니다.

문제를 (맞힌 / 맞춘) 사람들에게는 복잡한 퍼즐을 (맞히는 / 맞추는) 게임을 다시 한번 진행합니다.

→ 문제를 **맞힌** 사람들에게는 복잡한 퍼즐을 **맞추는** 게임을 다시 한번 진행합니다.

'맞추다'는 서로 일치하게 하는 것이며, '맞히다'는 정답을 알아내는 것을 의미합니다.

즉시 현장에 투입 가능한 최신 기기를 (운영 / 운용)하기 위하여 전담 기술 전수팀을 (운영 / 운용)할 계획입니다.

→ 즉시 현장에 투입 가능한 최신 기기를 **운용**하기 위하여 전담 기술 전수팀을 **운영**할 계획입니다.

'운용'은 자원이나 자금, 기술, 전략 등을 효율적으로 활용하는 것이며, '운영'은 조직이나 기관, 시스템 등을 관리하고 유지하는 것을 말합니다.

표기법을 준수하라

보고서를 작성할 때 문장의 표기법을 정해놓으면 문서의 완성도를 높일 수 있습니다. 특히 공문서는 행정안전부의 '행정업무서식편람'에 맞게 작성하는 것을 원칙으로 합니다. ST 유형은 사실 기반의 객관적인 정확도를 바탕으로 논리적 디테일을 추구합니다.

공문서를 활용하는 대표적인 부서인 대통령비서실의 문서(보고서) 표준 서식을 참고해봅시다. 더불어 사소하지만 만만하지 않은 문서 표기, 꼼꼼하게 살피며 다듬어봅시다.

※ 문장 표기의 표준 문서

< 대통령비서실 보고서 표준서식 >

↕15mm(위)

(일자, 보고서 성격 또는 "보고서 제목", 부서명, 중고딕, 14p)

헤드라인M, 22p
- 글상자 색상 연한 옥색, 글상자 테두리선 0.3mm -

중고딕, 15p, 글상자 연녹색, 글상자선 이중테두리
(본문에 문서 취지가 포함될 시 생략 가능)

1. 헤드라인M, 16p

   □ 휴먼명조 또는 헤드라인M, 15p, 1칸 들여쓰기

      ○ 휴먼명조 15p, 2칸 들여쓰기

      - 하이픈, 휴먼명조 15p, 3칸 들여쓰기

        · 점, 휴먼명조 15p, 4칸 들여쓰기

         ※ 중고딕, 13p, 3~7칸 들여쓰기

- 편집 여백 : 위·아래 15mm, 좌·우 20mm, 머리말·꼬리말 10mm
- 줄 간격 : 기본 130%, 임의로 설정 가능
- 기본 글자제 : 휴먼명조, 15p(제목: 헤드라인M 강조: 중고딕)
- 목차 체계 : 보고서 내용에 따라 번호 체계(1, □, ○ …) 또는
            도형 체계(□, ○, - …) 선택
- 문단 간격 : 임의로 설정
- 중요한 부분은 진하게 또는 파랑색 표시

↔20mm(왼)　　↔20mm(오른)

↕15mm(아래)

※ ST형 공문서 표기법

1. 날짜 표기

날짜는 숫자로 표기하되 연, 월, 일의 글자는 생략하고 그 자리에 온점(마침표)을 찍어 표시합니다. 날짜와 요일을 함께 쓸 때는 ( )를 활용하고 온점 사용에 유의합니다.

2027. 9. 15.　（O）　　　9.17.(목)　（O）
2027. 9. 15　（X）　　　9.17.(목).　（X）
2027. 09. 15.（X）　　　9.17 (목)　（X）
'27. 9. 15.　（X）　　　09.17.(목)　（X）
'27. 09. 15.　（X）　　　09.17.(목).（X）

2. 기간 표기

계약 기간, 공사 기간, 연수 기간과 관련해서 아라비아숫자만으로 연, 월, 일을 표기할 경우, 마침표는 연, 월, 일 다음에 모두 사용합니다.

2027. 3.11. ~ 3.25.　（O）
2027. 3.11 ~ 3.25　（X）
2027. 03.11. ~ 03.25.（X）
2027. 3.11. ~ 25.　（X）

3. 시간 표기

시간을 나타낼 때 시, 분은 24시각제에 따라 숫자로 표기하되 시, 분의 글자는 생략하고 그 사이에 쌍점(:)을 찍어 구분합니다

본 행사는 09:00에 시작합니다. (O)
본 행사는 9:00에 시작합니다. (×)
본 행사는 09:00시에 시작합니다. (×)
본 행사는 오전 9:00에 시작합니다. (×)
본 행사는 오전 09:00에 시작합니다. (×)

4. 금액 표기

수치, 예산, 재정 등의 금액은 원칙적으로 아라비아숫자로 쓰되, 숫자 다음에 괄호를 사용하고 한글을 병기합니다.

금125,770원(금일십이만오천칠백칠십원) (O)
금125,770원(금십이만오천칠백칠십원) (×)
금일십이만오천칠백칠십원(금125,770원) (O)
금십이만오천칠백칠십원(금125,770원) (×)
금 125,770원(금 일십이만오천칠백칠십원) (×)

5. 쌍점(:) 표기

항목이나 직책과 직위 등을 이름과 같이 쓸 때는 쌍점(:)을 함께 씁니다. 이때 쌍점은 앞말에 붙여 쓰고 뒷말과는 띄어 씁니다.

팀장: 이보고 (○)

팀장 이보고 (×)

팀장 : 이보고 (×)

팀장 :이보고 (×)

팀장:이보고 (×)

6. 본문의 항목 기호

보고서를 작성할 때 단위 항목을 내림차순으로 정렬하는 데도 요령이 있습니다. 큰 타이틀 아래 본문의 항목이나 내용은 □, ○, ―, *, · 순으로 표기합니다. 하위 항목을 표기할 때는 상위 항목보다 안쪽으로 들여 쓰며, 항목 아래 항목을 작성할 때는 2개 이상 작성합니다.

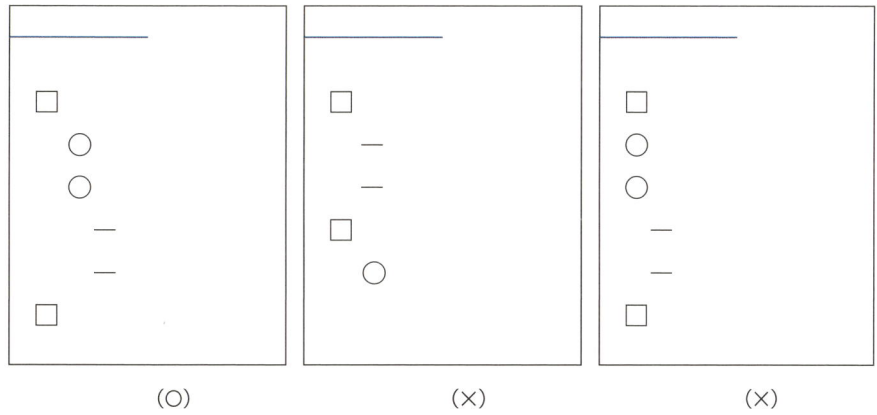

7. 단위 명사 표기

단위 명사를 나열할 때는 상호 붙여쓰기를 합니다.

1층, 9명, 12호 (O)
1 층, 9 명, 12호 (×)
1층,9명,12호 (×)
1층, 09명, 12호 (×)

8. 기관 표기

공문서에 기관 등을 명시할 때는 정확한 공식 명칭을 써야 합니다. 명칭 표현에서 실수하는 경우가 종종 있습니다. 회사 이름, 상품명도 마찬가지입니다.

국회(×) → 대한민국 국회(O)

세종시(×) → 세종특별자치시(O)

용인시(×) → 용인특례시(O)

한국철도시설공단(×) → 국가철도공단(O)

서울지방경찰청(×) → 서울경찰청(O)

인천시교육연수원(×) → 인천광역시교육연수원(O)

한국기술교육대학교(×) → 한국공과대학교(O)

9. 문장을 강조할 때

문장을 강조할 때는 밑줄보다는 굵게 표시하는 것이 낫습니다. 강조 문장을 굵게 표시할 때는 모든 문장이 아닌 핵심 내용만 눈에 띄게 강조합니다.

AI 지식 취약계층(고령자)**에 대한** 온라인을 통한 **접근성을 강화시키기 위하여 다**

양한 교육 서비스를 제공하기로 함 (O)

AI 지식 취약계층(고령자)에 대한 온라인을 통한 접근성을 강화시키기 위하여 다양한 교육 서비스를 제공하기로 함 (×)

AI 지식 취약계층(고령자)에 대한 온라인을 통한 접근성을 강화시키기 위하여 다양한 교육 서비스를 제공하기로 함 (×)

AI 지식 취약계층(고령자)**에 대한 온라인을 통한 접근성을 강화시키기 위하여 다양한 교육 서비스를 제공하기로 함** (×)

10. 문서의 끝 표기

공문서의 마지막 부분에는 내용을 쓰고 온점(.)을 찍고 두 칸을 띄운 다음 '끝.'이라고 표기합니다. '끝' 다음에는 반드시 마침표를 찍습니다.

참고하기 바랍니다. 끝. (O)

참고하기 바랍니다.끝   (×)

참고하기 바랍니다. 끝   (×)

참고하기 바랍니다. 끝. (×)

참고하기 바랍니다.   (×)

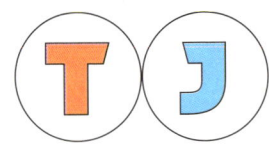

잘 쓴 글을 벤치마킹하라

잘 쓴 글을 참고하는 것은 글쓰기 실력을 가장 빠르게 성장시킬 수 있는 방법입니다. TJ 유형의 장점인 논리적 판단과 계획성은 글쓰기의 완성도를 높여줍니다. 잘 쓴 보고서 한 장이 다른 열(장) 보고서 부럽지 않습니다.

참고할 만한 문장을 소개합니다.

1. 보고서의 가장 기본이 되는 문장을 간결하게 쓸 수 있는 방법은 여러 가지가 있지만, 많은 보고서를 검토하면서 느낀 점을 4가지로 정리해보았습니다.(×)

→ 보고서 문장을 간결하게 쓰는 4가지 방법을 소개합니다.(○)

문장은 간결하게 압축해야 합니다.

2. 새로운 프로그램은 상품별 실시간 보유 현황 조회가 가능하다.(×)

→ 새로운 프로그램은 상품별 보유 현황의 실시간 조회가 가능하다.(O)

여러 개의 명사를 나열하려면 의미가 잘 통하도록 효율적으로 배열해야 합니다.

3. 아무리 열받는 일이 있더라도 부하직원 면전에서 큰소리를 내서는 안 될 일이다.(×)
→ 아무리 화가 나더라도 부하직원 앞에서 큰소리를 내서는 안 된다.(O)

'열받다' 같은 품위가 떨어지는 표현은 자제합니다.

4. 자본이 없다고, 부채가 많다고, 여력이 없다고 해서 더 이상 투자를 안 하는 기업은 결코 초우량 기업의 순위에 못 들어간다.(×)
→ 자본이 없거나, 부채가 많고, 여력이 없다고 해서 더 이상 투자를 하지 않는 기업은 결코 초우량 기업의 순위에 들지 못한다.(O)

보고서의 문장은 구어체보다 문어체를 사용합니다.

5. 중장기 부서의 발전 방안을 구축하기 위한 전략 회의를 개최했다.(×)
→ 부서의 중장기 발전 방안을 마련하기 위한 전략 회의를 열었다.(O)

문장에 맞는 용어를 사용합니다. '구축'이나 '개최'는 회사 내 부서의 발전 방향과는 거리가 먼 표현입니다.

● TJ형 자주 쓰지만 혼동하기 쉬운 용어의 선택과 활용 예제

향후 / 추후 / 차후

단속기관인 관할 구청으로부터 (향후 / 추후 / 차후) 일주일 이내에 속도 위반 과태료가 부과되오니 기간 내 납부하여주시기 바랍니다.

→ 정답 : 차후

보고서에 흔히 등장하는 '향후', '추후', '차후'라는 말은 구분해서 사용해야 합니다. 사전적 의미를 찾아보면, '향후'는 먼 미래, '추후'는 중간 정도의 미래, '차후'는 가까운 미래를 나타냅니다. 이보다 중요한 차이가 있습니다. '향후'와 '추후'는 이미 약속한 바인 '기약(期約)'이 없고 '차후'만 기약이 있습니다. 보고서에 '향후 추진' 또는 '추후 조치'라는 표현이 들어 있다면 이는 확실히 한다는 것을 보장하지 못한다는 뜻입니다. '차후'라는 말은 빠른 시간 안에 반드시 해야 한다는 의미가 있기 때문에 구속적 표현을 피하기 위해 '향후 발전 방향'이나 '추후 개선 방안'이라는 식으로 포장하는 것이지요. 일반적으로 '차후'라는 표현은 긴급한 상황이나 단기 효력을 지닌 공지사항 등에 자주 쓰입니다.

주최 / 주관

주최측과 주관측이 있는 경우, 행사 운영상의 책임은 일반적으로 (주최 / 주관)측에 있다.

→ 정답 : 주관

'주최'는 어떤 일을 기획하고, '주관'은 어떤 일을 맡아서 시행한다는 의미입니다. 즉, 판을 벌이는 것은 '주최'이고, 운영과 관리를 담당하는 것은 '주관'에 해당합니다. 운영 관리상의 책임은 통상 주관측이 떠맡는다고 볼 수 있습니다.

공고 / 고시
관련 법규에 의거하여 정부가 분양가 상한제 시행을 (공고 / 고시)합니다.
→ 정답 : 고시

'고시(告示)'는 널리 알린다는 뜻으로, 개정 또는 폐지하지 않는 한 계속 법적 효력이 발생하는 것입니다. '공고(公告)'는 뜻은 같지만 일시적 또는 단기간 일정한 사항을 알릴 때 사용합니다. 모두 공적으로 알린다는 뜻이지만 '고시'가 강제성이 크다고 볼 수 있습니다.

이전 / 전
12월 25일 (이전까지 / 전까지) 서류를 발송하여주시기 바랍니다.
보다 빠른 날짜는 어느 날짜일까요?
정답: 전까지

'~전'은 그전까지(12월 24일)를 의미하며, '~이전'은 그 날짜까지(12월 25일)를 포함합니다. 헷갈리지 않도록 '~한'이라는 말로 대신하기도 합니다.

올해 경영실적을 작년도 실적과 함께 보내드리오니 (참고 / 참조)하여주시기 바랍니다.

정답: 참조

'참고'는 살펴서 생각한다는 뜻이고, '참조'는 참고로 비교하고 대조해 본다는 뜻입니다. 따라서 참고 사항인데 비교 개념이 들어가면 무조건 '참조'라고 써야 합니다.

김 팀장이 그 문제를 해결한 (주인공 / 장본인)이다.

정답: 주인공

비슷한 의미의 단어이지만, '주인공'은 긍정적인 의미일 때 사용하고 '장본인'은 부정적 의미일 때 사용합니다.

사생활이 침해당하면 그에 대해 (보상 / 배상)해야 한다.

정답: 배상

'배상(賠償)'은 손해를 물어주는 일이고 '보상(補償)'은 손해를 갚아주는 일입니다. '배상'은 불법적 이유로 피해가 발생했을 때 사용하며, '보상'은 합법적 이유로 피해가 발생했을 때 사용합니다.

정부가 4대강 보 철거 사업을 밀어(붙였다 / 부쳤다).

정답: 붙였다.

'붙이다'와 '부치다'는 각각 다양한 의미를 지니고 있습니다. 사업 등을 추진할 때는 '부치다'가 아니라 '붙이다'를 사용합니다.

이번 동계올림픽은 세계 130개 국이 (참석했다 / 참가했다).

정답: 참가했다.

'참가'는 어떤 활동이나 경기 등에 직접 참여하는 것이고, 참석은 행사나 회의 등에 자리를 함께하는 것입니다. 또한 '참가'는 보다 큰 의미에서 적극적으로 참여해 주요한 일원이 되는 것이고, 참석은 보다 작은 의미에서 단순히 그 자리에 함께하는 것이라 할 수 있습니다.

이 자리를 (빌어 / 빌려) 도와주신 모든 분들께 감사드립니다.

정답: 빌려

'빌어'와 '빌려'도 자주 잘못 사용하는 용어입니다. 연말 행사 등에서 인사나 소감을 이야기할 때는 '빌어'가 아닌 '빌려'라고 해야 합니다.

문장 다듬기의 10가지 기법

구분	내용	어울리는 유형
원칙 1	능동형 문장으로 작성하라.	ESTJ, ENTJ
원칙 2	긍정형 문장으로 작성하라.	ENFP, ESFJ
원칙 3	주어와 술어가 일치되게 써라.	ISTJ, INTJ
원칙 4	존칭어는 생략하라.	ESTP, ISTP
원칙 5	지나치게 명사를 나열하지 마라.	ISFJ, ESFJ
원칙 6	사소한 오탈자에 유의하라.	ISTJ, ISFJ
원칙 7	문장 내 숫자 사용에 신중하라.	INTJ, ISTJ
원칙 8	약어는 풀어쓰기를 병행하라.	ENTP, ENFP
원칙 9	유행어구는 사용을 자제하라.	INFJ, ISFJ
원칙 10	쉼표 하나에도 주의를 기울여라.	ISFJ, ISTJ

과학적으로 검증된 사실은 아니며 일반적인 경향성을 반영한 것입니다. 해당 유형이 반드시 그렇게 문장 다듬기를 한다는 단정적인 의미는 아니라는 것을 알아주시기 바랍니다.

● 문장 다듬기 예제 및 실습

1. 능동형 문장으로 작성하라.
계약 성사는 고객 정보가 확인된 후 개별적으로 통보될 예정입니다.

→ 계약 성사는 고객 정보를 확인한 후 개별적으로 통보할 예정입니다.

문장은 가급적 수동형보다 능동형으로 작성합니다. 수동형 문장은 끌려가는 느낌을 주기 때문입니다.

2. 긍정형 문장으로 작성하라.
요청한 물품은 납기일 이전에는 보낼 수 없다.

→ 요청한 물품은 납기일 이후에 보낼 수 있다.

가급적 같은 의미의 긍정형 문장으로 표현하는 것이 좋습니다. 부정형 문장은 상대방의 호감을 얻기 어렵습니다.

3. 주어와 술어가 일치되게 써라.
증시 전문가들은 대외적인 악재로 하반기 주식 전망이 불투명하다는 지적이다.

→ 증시 전문가들은 대외적인 악재로 인해 하반기 주식 전망이 불투명하다고 지적한다.

주어와 서술어의 연결이 매끄럽지 못합니다. 머리말과 꼬리말은 자연스럽게 이어져야 합니다.

4. 존칭어는 생략하라.

대표이사님 강조 사항을 각 부서장님께 전달해야 한다.

→ 대표이사 강조 사항을 각 부서장에게 전달해야 한다.

존칭어는 지위고하를 막론하고 사용하지 않는 게 원칙입니다. 관례상 쓰는 경우가 있더라도 원칙상으로는 생략해야 합니다.

5. 지나치게 명사를 나열하지 마라.

인사평가담당부서의 기능을 확대하여 동시 현장투입인원 점검이 가능하다.

→ 인사평가를 담당하는 부서의 기능을 확대해 현장 투입인원의 동시 점검이 가능하다.

자신의 창작 활동뿐만 아니라 지역사회 봉사일에도 노력하고 있다.

→ 자신의 창작 활동뿐만 아니라 지역사회에 봉사하는 일에도 노력하고 있다.

회사 권장도서 목록 선정에 신중을 기해야 한다.

→ 회사의 권장도서 목록을 선정하는 데 신중을 기해야 한다.

명사를 지나치게 붙여 쓰는 것은 바람직하지 않습니다. 또한 한 문장에 개조식 문장과 서술식 문장을 혼용하는 것도 자제해야 합니다. 조사를 사용해서 부드럽게 서술식 문장으로 통일합니다.

6. 사소한 오탈자에 유의하라.

오전에 보고서 결제를 올렸습니다. 결과는 매일이 아닌, 휴대폰 문자로 확인해주십시오.

→ 오전에 보고서 결재를 올렸습니다. 결과는 메일이 아닌, 휴대폰 문자를 확인해 주십시오.

전달하려는 의미를 알 수 있더라도 한 글자라도 오탈자가 나오는 것은 금물입니다. 오탈자는 문장의 신뢰성을 떨어뜨립니다.

7. 문장 내 숫자 사용에 신중하라.

  이번 달 부서의 비용 지출 금액은 2,000,000원이다

→ 이번 달 부서의 지출 금액은 이백만 원이다.

→ 이번 달 부서의 지출 금액은 200만 원이다.

문장에서 숫자를 사용할 때는 풀어서 그대로 쓰지 않도록 주의합니다. 숫자 사용 시 만 단위로 끊어쓰고, 반드시 단위를 붙입니다.

8. 약어는 풀어쓰기를 병행하라.

신규 SM들이 업무를 원만하게 파악할 수 있도록 지원 TFT를 운영하기로 결정했다.

→ 신규 SM(Sales Manager)들이 업무를 원만하게 파악할 수 있도록 지원 T.F.T.(Task Forced Team)를 운영하기로 결정했다.

약어를 쓸 때는 괄호를 사용해 해당 약어를 풀어쓰거나 별도 항목으로 각주 표시를 해서 의미를 분명히 합니다.

9. 유행어구는 사용을 자제하라.

2030세대는 혼밥과 혼술을 하는 경향이 다른 세대보다 더 많다.

→ 20대와 30대 젊은 세대는 혼자 밥을 먹고 술을 마시는 경향이 다른 세대보다 강하게 나타난다.

특별한 경우를 제외하고는 유행어구 사용을 지양합니다. 인터넷 등의 '밈' 언어도 보고서에서는 사용하지 않도록 주의합니다.

10. 쉼표 하나에도 주의를 기울여라.

통신사들은 12일 15일부터 통신요금을 인하한다고 발표했다.

→ 통신사들은 12일, 15일부터 통신요금을 인하한다고 발표했다.

→ 통신사들은 15일부터 통신요금을 인하한다고 12일 발표했다.

숫자나 날짜가 문장에 연이어 나올 경우, 쉼표를 사용하거나 위치를 바꿔 적절히 조정합니다.

문서 다듬기 종합 예제

(원안)

20○○년 사내 근속기념행사 계획 보고

재직기간동안 맡은 바 직무를 성실히 수행하고 회사 발전에 기여한 선배들의 공로를 기리며 이를 공식적으로 기념하기 위한 행사임

□ 행사 개요
  ○ 일시: 20○○. ○. ○○.(월) 10:30 ~ 13:30
  ○ 장소: 본사 7층 대회의실
  ○ 대상자: 장보고 부장 외 12명(30년 근속대상자)
  ○ 참석자: 전 직원(부서 필수근무 인원 제외)

□ 시간 계획

시 간		세부내용	비 고
10:30~10:35	(5')	개회(인사말)	총무팀장
10:35~10:40	(5')	꽃다발, 감사패 전달	대표이사
10:40~10:50	(10')	격려사(송별사)	대표이사
10:50~12:00	(10')	퇴임사	장보고 부장
12:00~12:10	(10')	폐회(기념촬영)	총무팀장
12:10~13:30	(80')	식사 및 마무리	○○○(○○동 소재)

□ 집행 예산: 금39,600천원
  ○ 행사 비용: 화환, 무대 장치, 중식비 등 7,600,000원
  ○ 기념품 제작: 30년 근속 기념품 32,000,000원
    ☞ 각 대상자에게 감사패 및 순금 0돈 상당의 기념주화 증정

□ 붙임 대상자별 근속 세부내역 1부. 끝.

군데군데 고쳐야 할 부분이 보입니다. 빨간색으로 표시한 부분이 수정해야 할 부분입니다.

20○○년 사내 근속 기념행사 계획 보고

재직 기간 동안 맡은 바 직무를 성실히 수행하고 회사 발전에 기여한 선배들의 공로를 기리며 이를 공식적으로 기념하기 위한 행사임.

☐ **행사 개요**
- 일   시: 20○○. ○. ○○.(월) 10:30 ~ 13:30
- 장   소: 본사 7층 대회의실
- 대상자: 장보고 부장 외 12명(30년 근속대상자)
- 참석자: 전 직원 (*부서 필수 근무인원 제외)

☐ **시간 계획**

시 간		세부내용	비 고
10:30~10:35	(5′)	개회(인사말)	총무팀장
10:35~10:40	(5′)	꽃다발, 감사패 전달	대표이사
10:40~10:50	(10′)	격려사(송별사)	대표이사
11:50~12:00	(10′)	퇴임사	장보고 부장
12:00~12:10	(10′)	폐회(기념촬영)	총무팀장
12:10~13:30	(80′)	식사 및 마무리	○○○(○○동 소재)

☐ **집행예산:** 금39,600,000원(금삼천구백육십만원)
- (행사 비용) 화환, 무대장치, 중식비 등 7,600,000원
- (기념품 제작) 30년 근속 기념품 32,000,000원
  ※ 각 대상자에게 감사패 및 순금 0돈 상당의 **기념주화 증정**

붙임 대상자별 근속 세부 내역 1부. 끝.

문서 표기법에 맞게 잘 고쳐진 자료입니다. 각각의 항목은 폰트를 달리하여 강조했으며, 도표는 좌우측을 비워 눈에 잘 띄게 했습니다. 예산 등 강조할 사항이 있는 일정 부분에는 쌍점(:)보다 ( ) 항목을 적절히 사용하고, 중요한 부분을 적절히 강조해 가시성을 높였습니다.

5장

MBTI로
보고서 작성
달인되기

MBTI를 통한 보고서 작성 달인되기 실천 방법

구분	관련유형	비고
창의와 논리를 결합하라	NT 유형 ENTP,INTJ,INTP	창의적, 논리적
작성 단계를 준수하라	SJ 유형 ISTJ,ESTJ,ISFJ,ESFJ	계획적, 체계적
핵심을 먼저 전달하라	TJ 유형 ENTJ,ESTJ,INTJ,ISTJ	논리적, 목표 지향적
신뢰할 수 있는 정보로 뒷받침하라	ST 유형 ISTJ,ESTJ,ESTP,ISTP	객관적, 사실 기반
상대방의 입장에서 검토하라	FJ 유형 ENFJ,INFJ,ESFJ,ENFJ,INFJ	감정적 공감

창의와 논리를 결합하라

N형과 T형은 혁신적 아이디어와 논리적 분석력을 지니고 있습니다. 이것이 결합돼 창의적 아이디어와 논리적 체계가 조화를 이루면 보고서의 완성도가 한층 높아집니다. NT 유형(직관 + 사고, intution & Thinking)의 강점인 혁신적 아이디어와 논리적 분석 능력이 동시에 발휘되면, 논리에 치우쳐 창의성을 간과하거나 창의성은 뛰어나지만 논리적 구조가 흐트러지는 보고서 작성의 문제를 바로잡을 수 있기 때문입니다. 구체적으로 브레인스토밍이나 만다라트 기법을 활용해 창의적 아이디어를 도출하고 MECE 이론을 적용해 논리적인 구조를 정리하는 효과적인 결합 방법이 있습니다.

브레인스토밍으로 창의적 아이디어 발상하기

'브레인스토밍(Brain Storming)'은 가장 기본적인 아이디어 발상법입니다. 1941년 미국 광고회사 부사장인 알렉스 F. 오즈번(Alex F. Osborn)이 고안한 광고 회의 기법에서 비롯된 것으로, 하나의 주제에 관해 관계된 사람들이 모여 가감 없이 자유롭게 아이디어를 제시해서 아이디어의 연쇄 반응을 일으켜 다량의 아이디어를 얻는 데 목적이 있습니다. 비판 없이 다양한 가능성을 탐색하고, 이를 실행 가능한 형태로 발전시킬 때 유용합니다.

예를 들어볼까요. 신입사원 교육 프로그램 계획서를 작성하는 상황을 가정해봅시다. 신입사원 교육 과목을 어떤 것으로 할 것인지, 교육 방법 면에서 기존 강의식 교육이 아닌 참여 위주 방식으로 진행할지 등 다양한 창의적 접근을 할 수 있습니다.

< 신입사원 교육 프로그램 >

- MZ세대의 특성과 문화 이해
- 생성형 AI 활용 보고서 작성 기법
- 스마트 시대에 맞는 SNS 에티켓 교육
- 디지털 모의 경영 시뮬레이션
- 팀별 동영상 쇼츠(Short), 숏폼 만들기
- 멘토(선배)와의 1대1 상담

< 교육 방법 개선 >
- 학습과 게임을 결합한 게이미피케이션(Gamification) 도입
- 신입사원 소그룹 팀별로 스스로 기획하는 자율형 프로젝트 적용
- 퍼실리테이션(Facilitation) 기법을 활용한 교육 진행
- 개인별 평가보다는 팀 단위 단합과 협업 유도
- 1대1 개별 맞춤형 코칭 및 멘토 매칭 시스템 도입

만다라트 기법으로 창의적 아이디어 발상하기

불교의 '만다라(Mandala)'에서 유래한 아이디어 발상법입니다. 중심 개념을 정하고 주변으로 뻗어나가면서 연상되는 단어나 내용을 기록합니다. 핵심 개념을 토대로 폭넓은 아이디어를 한눈에 볼 수 있도록 빠르게 정리할 수 있습니다. 보고서라는 핵심 키워드에 대한 만트라트를 작성해봅시다.

창의성	구조화	야근
상사 설득	보고서	가독성
논리적	오탈자	마감 시한

MECE 이론으로 논리적 구조로 정리하기

아이디어가 도출되었다면, 이제 이를 MECE(Mutually Exclusive, Collectively

Exhaustive) 이론을 활용해 논리적으로 정리할 차례입니다. 전체를 파악해서 보고서의 각 항목이 서로 겹치지 않도록 중복 없이 정리하고(Mutually Exclusive), 모든 주요 논점을 포함시켜 빠짐 없이 정리해(Collectively Exhaustive) 보고서의 완결성을 높이는 데 목적이 있습니다. 사업계획서를 쓸 때 큰 항목을 '추진 성과'라고 해놓고 아래 항목에 똑같이 '추진 성과'라고 했다면 중복이 발생한 것이지요. 이런 경우라면 아래 항목은 '부문별 달성 효과'라고 해야 합니다. 또한 항목 중에 '사업 추진 배경'이 없다면 내용상 누락이 발생한 것이니 앞부분에 그런 항목을 삽입해야 합니다.

이렇듯 NT 선호지표를 최대한 살려 혁신적 아이디어를 논리적으로 정리하면 만족스러운 보고서를 만들 수 있습니다.

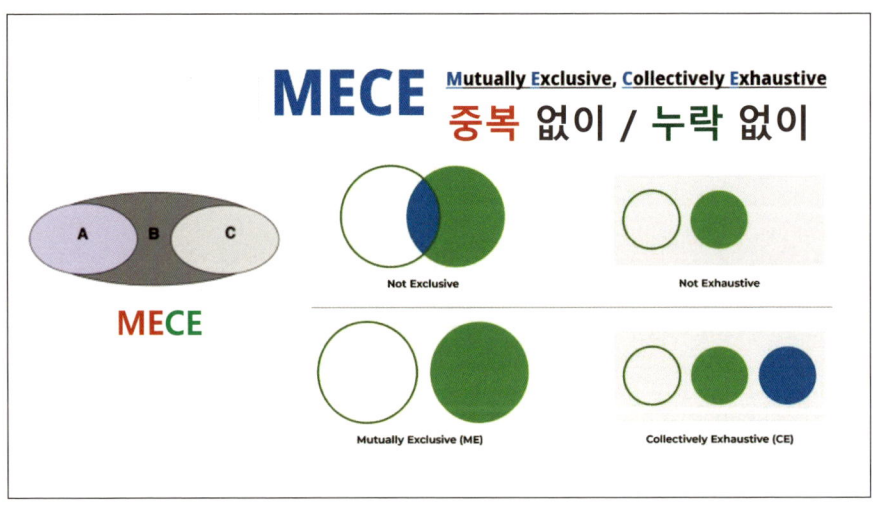

작성 단계를 준수하라

보고서는 논리적인 흐름을 갖추고 체계적으로 전개될 때 가장 효과적입니다. 특히 SJ 유형(감각 + 판단, Sensing & Judging)은 객관적이고 정돈된 작업 방식이 강점입니다. 이런 특성은 보고서를 단계적으로 작성할 때 더욱 빛을 발합니다. 보고서를 작성할 때 단계를 무시하고 즉흥적으로 작성하거나 논리의 흐름을 고려하지 않고 내용을 나열하면, 추후 불필요한 수정이 많아지고 보고서의 논리가 약해서 가독성이 떨어지며 전달력이 약해집니다.

이러한 문제를 방지하려면 보고서 작성의 5단계 프로세스를 철저히 준수하는 게 중요합니다. 단계별로 명확한 목표를 설정하고 이를 점검하면서 보고서를 완성하면 논리적으로 짜임새 있는 보고서를 작성할 수 있습니다.

보고서 작성 5단계 프로세스 적용하기

보고서 작성의 기본은 체계적인 단계별 접근입니다. 아래 설명한 5단계 프로세스를 따르면 보다 논리적인 보고서를 작성할 수 있습니다.

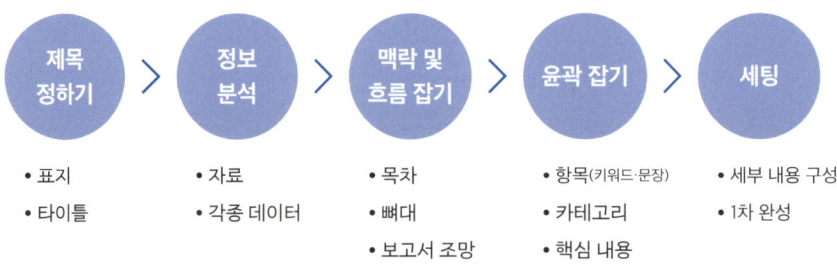

1. 제목 정하기(주제와 방향 설정)

보고서의 주제를 명확히 정의하고 이에 따른 제목을 정합니다. 보고서의 얼굴인 표지가 만들어지는 첫 단계이기도 하죠. 특히 제목은 눈길을 끄는 인상적인 문구로 정하는 것이 효과적입니다.

예를 들어볼까요. '20○○년 고객 서비스 전략'보다는 'AI 시대에 부응하는 20○○년 고객 맞춤형 서비스 전략'이라고 하는 것이 훨씬 강한 인상을 줍니다.

2. 정보 분석(자료 및 각종 데이터 수집 및 검토)

보고서의 신뢰성을 높이기 위해 데이터를 관리하는 단계로, 객관적인 정보와 주관적인 견해 또는 판단을 구분해 분석하는 것이 중요합니다. 수집된 정보의 우선순위를 정하고 불필요한 자료는 과감하게 제거하는 결단이 요구됩니다.

> 예) 경쟁사 분석 시 파악해야 할 정보
> - 경쟁사의 시장점유율, 매출 추이
> - 주요 경쟁사의 마케팅 전략 검토
> - 자사와 경쟁사의 강점 및 약점 비교
> - 소비자 트렌드 및 외부 환경 요인 고려

3. 맥락 및 흐름 잡기(보고서의 목차 또는 뼈대 수립 작업)

전망대에 올라가 전체 풍경을 한눈에 내려다보는 '조망(眺望)'이라는 단어처럼 보고서의 전체적인 논리 구조와 전개를 정하는 과정입니다. '도입-본론-결론'의 일반적인 구조에 따라 보고서의 항목들이 자연스럽게 연결되어야 합니다. 도입 부분에서 개요 등으로 전체를 아우르고, 본론에서 상세한 내용을 다루며, 결론에서 실행의 방향성을 정리하면 좋습니다. 예를 들어볼까요.

신개념 AI 노트북 '자비스'의 상품 기획 보고서 목차

도입
- 제품 출시 배경
- 노트북 '자비스' 개요

본문
- '자비스'의 특징 및 차별성

- '자비스'의 사양
- 성능 및 효과 (벤치마킹 테스트 결과 포함)

결론
- '자비스' 홍보 전략
- 판매 전략 및 유통계획
- 기타 사항

보고서의 맥락을 잘 잡으면 읽는 사람이 전체적인 내용을 쉽게 파악할 수 있습니다.

4. 윤곽 잡기(카테고리 및 항목 구성)

보고서에서 가장 중요한 내용인 핵심 항목을 설정하고 구조화하는 단계입니다. 보고서의 내용상 주요 부분들이 도출되는 단계이기에 제목을 뒷받침하는 소제목과 부가 항목을 잘 설정하는 기술이 필요합니다. 세부 내용을 기술하기 위한 전 단계로, 내용의 울타리를 만드는 것이라고 보면 됩니다.

예를 들어, '직장 예절'이라는 제목과 주제를 다룬다면 페이지의 전체적 내용을 먼저 일목요연하게 정리하고, 나중에 세부 내용을 추가합니다.

- 바람직한 인사법
  - 시기별 인사법
  - 상황별 인사법
  - 기타 인사법

- 호감을 주는 표정 연출
    - 밝은 미소
    - 긍정적인 모습
    - 각종 상황에서의 표정 연출

- 올바른 자세
    - 책상에서의 업무 자세
    - 발표 시의 자세
    - 보행 시의 자세

보고서의 윤곽을 잘 잡으면 내용이 흐트러지는 것을 방지하고 체계적으로 정리할 수 있습니다.

5. 세팅(세부 내용 구성 및 초안 완성)

보고서의 내용 구성 및 배열이 마무리되는 단계입니다. 가독성을 높이기 위해 본문의 내용뿐만 아니라 도표, 이미지 등을 적절히 배치해 정돈된 보고서를 만들어나가는 과정입니다. 위의 윤곽 잡기 과정과 연동되어 보고서의 '큰 항목(소제목) - 중간 항목 - 작은 항목(내용) - 세부 내용'으로 보고서의 계층 구조를 정하는 단계입니다. 쉽게 말해, '큰-중-작-세'의 보고서 내용이 갖춰지는 과정인데, 보고서를 분해해보면 이를 쉽게 이해할 수 있습니다.

(일반 문서)

큰 항목

중간 항목

작은 항목

세부 내용

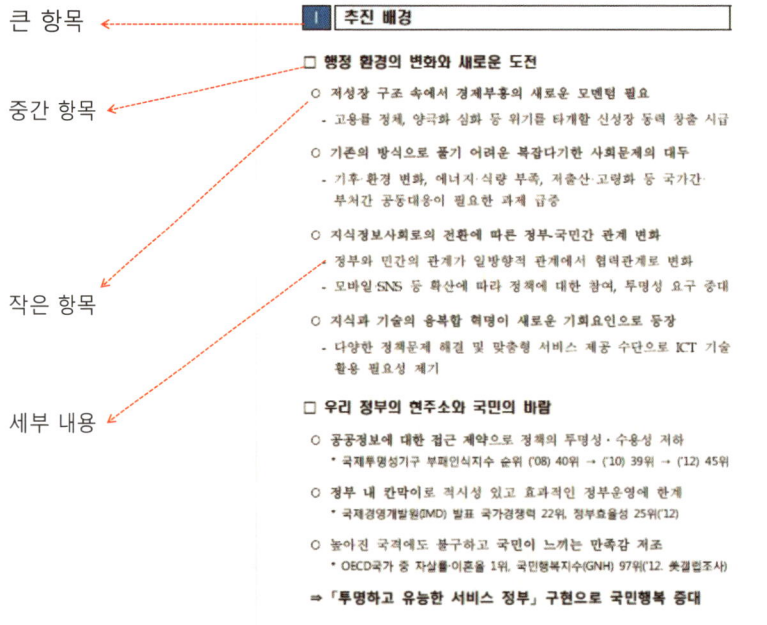

(PPT 문서)

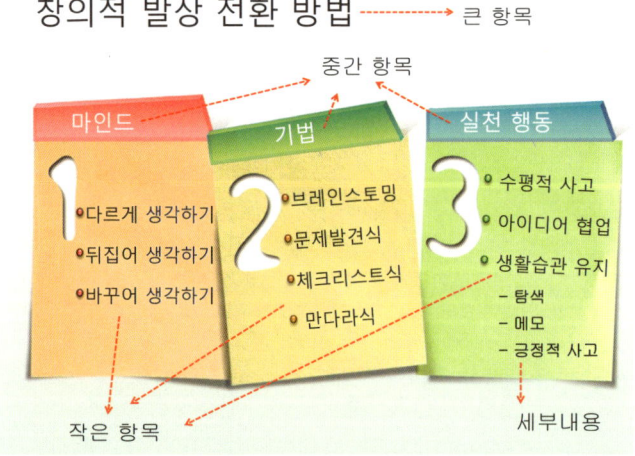

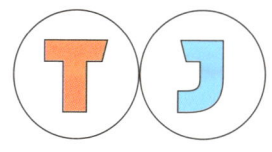

핵심을 먼저 전달하라

보고서는 핵심 메시지를 빠르고 명확하게 전달해야 효과적입니다. 특히 TJ 유형(사고 + 판단, Thinking & Judging)은 논리적이고 목표 지향적인 사고를 선호하기 때문에 핵심을 먼저 전달하는 방식이 적합합니다. 그런데 많은 보고서가 핵심을 뒤로 미루고 불필요한 배경을 먼저 설명하는 실수를 저지릅니다. 이 경우, 중요한 정보가 묻혀서 핵심이 전달되지 않고 결론이 모호해져 설득력이 떨어질 수 있지요. 보고서를 작성할 때 핵심을 앞에 배치하고, 이후 세부 내용을 보강하는 방식(Top-down 구조)이 중요합니다. 'What-Why-How' 3단계 보고 기법을 활용하면 핵심을 효과적으로 전달할 수 있습니다.

'What - Why – How' 3단계 보고 기법 적용

보고서에서 핵심을 효과적으로 전달하려면 'What(무엇을?) → Why(왜?) → How(어떻게?)' 순서로 구성해야 합니다. 이 방식은 핵심 메시지를 먼저 전달하고, 논리적 근거를 제시한 후, 실행 방안을 설명하는 형태라고 설명할 수 있습니다.

1. What – 핵심(결론) 메시지를 먼저 전달하라

보고서를 읽는 사람이 가장 궁금해하는 내용을 보고서 첫 문장에 바로 제시해야 합니다. 특히 기안서나 한 페이지짜리 보고서의 경우, 이는 원칙이라고 할 수 있습니다. 사업 추진 계획 보고서라면 '이런 사업입니다', '사업 추진 가능성이 충분합니다' 같은 내용들이 앞에 담겨야 합니다.

2. Why - 구체적인 근거를 제시하라

핵심 결론을 뒷받침하는 근거와 논리를 제시해야 합니다. 데이터를 활용해 객관적인 분석을 제공하면 더욱 설득력을 높일 수 있습니다. 사업 추진 계획 보고서에서는 사업 추진의 타당성과 구체적인 분석 결과를 제시합니다. 이때 현상 분석, 원인 분석, 정보 분석 등 여러 가지 방법과 결과물이 동원됩니다.

3. How – 실행 방안을 언급하라

핵심을 실현하기 위한 실행 방안을 제시하는 과정입니다. 사업 추진의 방향성과 세부 추진 사항, 그리고 추진 시 고려 사항 등을 설명합니다. 문제 해결과 관련된 보고서라면 해결책을 제시합니다.

핵심 결론을 먼저 전달하고, 논리적 근거를 제시한 후, 실행 방안을 효과적으로 설명하는 것은 앞서 이야기한 보고서 완성의 필수 콘텐츠와도 연결됩니다.

필요점	내용 전개	구체적 내용
결론이 뭐야? (So what)	핵심(결론), 요약	개요, 궁극적 효과
근거가 뭐야? (Why so)	구체적인 자료	타당성, 원인, 경험, 명분
어떻게 할 건데? (How to)	실행 솔루션	추진 방법, 해결 방법, 개선 방안 등

ST
신뢰할 수 있는 정보로 뒷받침하라

객관적인 사실과 신뢰할 수 있는 데이터를 기반으로 작성될 때 보고서의 설득력은 높아집니다. ST 유형(감각 + 사고, Sensing & Thinking)은 구체적인 데이터와 실질적인 정보를 중요하게 여겨 사실을 기반으로 한 정확하고 신뢰감 있는 보고서를 작성하는 데 능합니다.

많은 보고서가 불확실한 정보나 출처가 불명확한 데이터를 활용하는 실수를 범합니다. 출처가 불분명한 정보를 사용하면 보고서의 신뢰도가 떨어집니다. 편향된 자료를 인용할 경우, 객관성이 결여된 보고서가 됩니다. 특히 오류가 있는 데이터나 과장된 수치를 인용할 경우, 보고서의 타당성마저 흔들립니다.

보고서를 작성할 때는 정보 수집 및 관리 방향을 철저히 점검하고, 무엇보다 신뢰할 수 있는 자료만 활용해야 합니다. 이를 위해 가치 있는 정보원을 찾아 보고서를 작성하는 데 필요한 체계적인 정보 수집 및 관리 전략을 수립하는 게 중요합니다. 특히 ST 유형은 이러한 면에서 강점을 보입니다.

신뢰할 수 있는 정보 출처 찾기

보고서의 신뢰도를 높이려면 공신력 있는 기관이나 전문가가 제공하는 데이터를 활용해야 합니다. 인터넷 등 온라인에서 얻은 정보는 정확한 출처를 명시하고 교차 검증하는 과정이 필요합니다. 공신력 있는 다양한 기관에서 정보를 확보해야 보고서의 신뢰도를 확보할 수 있습니다.

< 추천 정보 출처 >
- 정부 및 공공기관 데이터: 국가통계포털(KOSIS), 통계청, 행정안전부 자료
- 학술 연구 및 논문: 구글 스칼라(Google Scholar), RISS, DB피아(DBpia)
- 기업 및 시장 조사 데이터: 닐슨(Nielsen), 스태티스타(Statista), KPMG 보고서
- 뉴스 및 경제 분석 자료: 블룸버그(Bloomberg), 로이터(Reuters), 한국경제연구원

수집된 정보 검증하기

자료나 데이터는 검증 과정을 거쳐야 비로소 정보가 됩니다. 이때 정보의 가치를 따져서 버려야 할 정보와 챙겨야 할 정보를 명확하게 가려내야 합니다. 가능하면 최신 정보를 사용하고, 숫자나 통계 자료는 명확한 근거가 뒷받침되어야 합니다.

정확성을 기하기 위해 체크리스트를 만들어 검증해보는 절차를 거치는 것도 좋습니다. 체크리스트 항목은 다음과 같습니다.

해당 정보의 출처가 과연 신뢰할 만한가?

최근 3년 이내의 정보인가?

정보가 왜곡되거나 특정한 의도가 반영된 것은 아닌가?

< 버려야 할 정보와 챙겨야 할 정보 >

버려야 할 정보	챙겨야 할 정보
• 철 지난 정보(3~5년 이상 경과) • 최신 트렌드와 무관한 정보 • 출처가 불분명한 정보 • 주관적인 주장만 포함한 정보 • 한쪽 주장만 강조된 편향된 정보 • 불필요한 콘텐츠 정보(관련 없는 사항 포함)	• 최신 정보(3년 이내의 정보) • 공신력 있는 출처에서 제공된 정보 • 매출, 투자 등과 관련된, 돈이 되는 정보 • 정책 및 전략 수립에 도움이 되는 정보 • 팩트(사실) 체크된 객관적 정보 • 실제 현장에서 실행 가능한 정보

체계적 정보관리 시스템 구축하기

보고서를 작성할 때 수집한 정보를 체계적으로 관리하면 나중에 이를 인용하거나 관련 보고서를 작성할 때 매우 유용합니다. 참고 문헌 및 데이터를 자동으로 정리해주는 도구 등을 활용하면 보고서를 작성하는 시간을 절약할 수 있습니다. 최근에는 생성형 AI 기반 보고서 작성 도구나 정보관리 애플리케이션이 발전하면서 효율적인 정보관리가 가능해졌습니다. 게다가 이런 플랫폼 등 정보관리 수단은 분야별로 더욱 전문화된 데이터나 솔루션 등을 제공해 앞으로는 정보관리가 '노하우(Know-How)'가 아닌 '노웨어(Know-Where)' 시대가 될 것임이 더욱 분명해지고 있습니다.

< 분야별 추천 정보관리 도구 >

- 조테로(Zotero) : 논문 및 자료 관리

- 멘델레이(Mendeley) : 참고 문헌 자동 정리

- 노션(Notion), 에버노트(Evernote) : 정보 수집 및 메모 정리

- 챗GPT(ChatGPT), 퍼플렉시티(Perplexity) AI : 빠른 정보 검색 및 요약, 질의응답 솔루션

※ 보고서 작성에 활용할 수 있는 다양한 정보원

구분	정보원	내용	사이트
자료 정리	노션(Notion)	• 아이디어의 체계적 정리 • 아이디어의 데이터베이스화 • 실시간 정보관리 • 테크, 필터 등 다양한 기능 부여	www.notion.com
	티로(Tiro)	• 실시간 대화 기록 • 자동 요약 및 번역 • 다국어 지원	tiro.ooo/ko
	퍼플렉시티(Perplexity)	• 상세 검색엔진 • 특정 주제에 대한 최신 정보 • 지식 출처 제공	www.perplexity.ai
	젠스파크(Genspark)	• 보다 다양한 심층검색 • 편리한 딥리서치 • 카테고리와 검색 편의성	www.genspark.ai

초안 작성	챗GPT(ChatGPT)	• 정보 수집, 요약, 분석 • 내용 구조화 • 초안 작성	www.openai.com
	감마(Gamma)	• 비주얼 PPT 슬라이드 작성 • 콘텐츠 자동 레이아웃 • 데이터 시각화	gamma.app/ko
	클로드(Claude)	• 데이터 분석 • 코드 작성 • 문서 작성(글쓰기)	claude.ai
디자인	더나은프로젝트	• 아이콘 및 이미지 컬렉션 • 다양한 파일 형식 지원	www.thenounproject.com
	캔바(Cancva)	• 간편한 온라인 그래픽 디자인 • 다양한 탬플릿 디자인 서식 • 그래프 및 차트 제작	www.canva.com
	미리캔버스	• 시각화 디자인 샘플 • 비주얼 카드 및 슬라이드 제작 • AI 기반 맞춤형 보고서 디자인	www.miricanvas.com
	워드 바이스	• 문장 및 스타일 교정 • 텍스트 요약 및 변환 • 번역 및 표절 검사 기능	wordvice.ai/ko

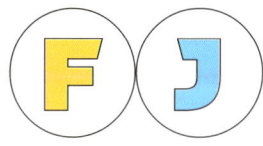

상대방의 입장에서 검토하라

보고서를 신경써서 만들었는데 상대방이 마음에 들어하지 않는다면 어떻게 해야 할까요? 보고서를 작성할 때 상사나 고객 등 상대방의 관점에서 내용을 검토하는 것은 기본 중 기본입니다. 타인의 감정과 관점을 세심하게 고려하는 FJ 유형(감성 + 판단, Feeling & Judging)은 이런 역량을 바탕으로 보고서를 검토할 때도 뛰어난 공감 능력을 발휘합니다. 상대방의 공감을 얻지 못하는 보고서는 전달력이 떨어질 뿐만 아니라, 상대방의 기대가 반영되지 않아 실용성마저 의심받을 수 있습니다. 이런 문제를 방지하기 위해 보고서를 작성하는 과정에서 상대방 맞춤형 검토 과정을 거쳐 기대에 부응하는 보고서를 만들어야 합니다.

맞춤형 보고서를 만들기 위한 체크포인트

상대방이 원하는 정보를 효과적으로 전달하는 대표적인 커뮤니케이션

수단 중 하나가 바로 보고서입니다. 따라서 보고서를 작성한 뒤에는 반드시 상대방의 입장에서 내용을 검증하고 수정하는 과정을 거쳐야 합니다. 중요한 부분은 체크포인트를 활용해 체계적으로 정리하는 것이 좋습니다. 체크포인트는 보고서의 목적과 대상, 논리적 흐름, 표현 방식, 시각적 요소 등을 종합적으로 파악할 수 있도록 구성해야 합니다.

맞춤형 보고서를 만들기 위한 주요 체크포인트

- 보고서의 목적이 명확하게 설정되었는가?
- 상대방의 관심과 필요를 반영했는가?
- 내용의 구조가 논리적이고 일관성 있는가?
- 핵심 메시지가 명확하게 전달되었는가?
- 전문 용어를 적절히 사용했으며, 쉽게 이해할 수 있는가?
- 데이터와 자료가 신뢰할 수 있으며, 최신 정보인가?
- 표, 그래프, 이미지 등 시각적 요소가 효과적으로 활용되었는가?
- 폰트, 문단 정렬 등 보고서의 가독성을 높이기 위한 서식이 적절한가?

맞춤형 보고서를 만들기 위한 체크리스트

체크포인트 다음에 살펴봐야 할 것은 체크리스트입니다. 이를 통해 이중점검할 수 있습니다. 우리가 일을 진행할 때도 '계획-준비-실시-평가' 과정을 거치듯, 보고서 작성 5단계에 맞춰 구체적인 체크리스트를 나열하고 확인 여부를 파악해야 합니다.

보고서를 다 쓰고 나서 점검하면 수정 사항이 많아질 수 있으니 보고서를 쓰기 전에 체크포인트를 정리하고, 작성 과정에 이를 반영해나가면 수정 및 보완을 최소화할 수 있습니다. 결국 어느 단계에서든 중요한 것은 상대 맞춤형 보고서를 완성하는 것입니다.

※ 맞춤형 보고서를 만들기 위한 주요 체크포인트

구분	체크 항목	확인 여부(O/X)
제목 정하기	• 보고서의 주제가 명확한가?	
	• 제목이 상대방의 관심과 필요를 반영했는가?	
	• 제목이 보고서의 콘셉트와 방향을 암시하는가?	
정보 분석	• 자료의 출처가 분명하고 공신력 있는가?	
	• 최신 정보를 활용했는가?	
	• 수집 활용된 정보가 주제와 직접적으로 관련 있는가?	
	• 상대방이 흥미를 느낄 수 있는 정보가 포함됐는가?	
	• 수치 및 통계자료는 신뢰할 수 있는가?	
맥락 및 흐름 잡기	• '서론-본론-결론' 구조가 논리적으로 구성되어 있는가?	
	• 상대방의 관심사를 도입부에 제시했는가?	
	• 목차가 일관성 있는 내용으로 전개되었는가?	
	• 상대방이 내용을 따라가기 쉬운 구조로 구성했는가?	

윤곽 잡기	• 각 카테고리 내 세부 내용을 적절하게 구성했는가?	
	• 항목간 중복이나 누락이 없는가?	
	• 상대방의 관점에서 내용상 비중을 조절했는가?	
	• 불필요하고 산만한 내용은 없는가?	
세팅	• 항목과 세부 내용들이 유기적으로 연결되어 있는가?	
	• 전체적인 구성 및 배치가 일관성을 갖는가?	
	• 상대방을 설득할 만한 핵심 콘텐츠가 있는가?	
	• 적절한 도표, 그래프, 이미지 등을 활용했는가?	
	• 글꼴, 글자크기, 줄 간격 등 가독성을 고려했는가?	

보고서 작성 루틴을 실천하라

　　보고서 작성 능력은 하루아침에 길러지지 않습니다. 경험과 학습, 반복적인 훈련을 통해 서서히 향상되지요. 이때 중요한 것이 바로 '루틴(Routine)'입니다. 핵심은 매일 꾸준히 실천할 수 있는 작은 행동에 있습니다. 예를 들어, 체력을 단련하기 위해 하루에 한 시간씩 러닝머신을 하겠다는 목표는 일관된 루틴이 될 수 없습니다. 매일 3분 걷기, 2회 팔굽혀펴기 같은 작지만 지속가능한 습관이 루틴으로 자리 잡을 수 있습니다. 보고서 작성도 마찬가지입니다. 꾸준함과 일관성 있는 작은 실천이 매일매일 쌓이다 보면 사고가 정리되고 원만한 커뮤니케이션을 이룰 수 있으며, 결국 보고서의 질이 향상됩니다. 업무 효율성을 높이고 스트레스를 줄이기 위해서라도 꾸준히 실천할 수 있는 보고서 작성 루틴을 마련해야 합니다. 여기 보고서 작성 능력을 향상시킬 수 있는 몇 가지 루틴을 소개해봅니다.

논리적 설득력 강화: 신문 사설 및 논평, 칼럼 읽기

논리적 설득력을 기르기 위해서는 명확한 논리 구조를 이해하는 것이 무엇보다 중요합니다. 논리적 문장 표현은 글쓰기에서도 중요합니다. 신문 사설은 논리적 글쓰기의 전형이라고 할 수 있습니다. 신문 사설과 논평, 칼럼을 정기적으로 읽으며 다음과 같은 연습을 하면 논리적인 표현을 배우는 데 도움이 됩니다.

- 주장과 근거의 흐름을 분석해 논리 구조를 파악
- 반대 의견이 있을 경우, 논박하는 연습
- 핵심 문장을 요약하고 핵심 메시지를 추출하는 연습
- 같은 주제를 다룬 다양한 매체의 논평을 비교해 서로 다른 관점을 이해하는 연습
- 자신의 견해를 짧은 글로 정리해 논리적으로 표현하는 연습

특히 신문 사설은 보고서와 유사한 패턴을 보입니다. 주어진 사안에 대한 필자의 견해인 핵심 주장(What)과 왜 그렇게 생각하는지에 대한 근거(Why), 그리고 앞으로 어떻게 할 것인지에 대한 실행 방향성(How)을 짜임새 있게 잘 풀어낸 글이지요. 매일 한 편씩 신문 사설을 읽고 분석하는 습관을 들이면 논리적 사고력이 강화됩니다. 종이 신문이든 온라인 신문이든 상관없습니다. 매일 꾸준히 읽는 게 중요합니다.

특히, NT 유형은 비판적 사고를 바탕으로 논리적인 반론을 구성하는 연습을 하면 논리력을 더욱 강화할 수 있습니다. F 유형은 상대방의 감정을 이해하기에 앞서 논리적 표현 방식을 보완해야 합니다.

창의적 감각 키우기: 책의 머리말 읽기 & 아이디어 활동

창의적인 보고서를 작성하려면 새로운 시각과 발상을 접하는 게 중요합니다. 창의적 감각을 키우는 루틴으로 다음과 같은 활동을 제안합니다.

- 책의 머리말 읽기: 저자가 책에서 전달하려는 핵심 메시지를 빠르게 파악하는 훈련
- 아이디어 노트 작성: 평소 떠오르는 아이디어를 기록하고 발전시키는 습관
- 새로운 관점에서 보기: 같은 주제를 다양한 시각에서 바라보는 연습
- 창의적인 표현 연습: 기존 보고서의 내용을 색다른 방식으로 정리하는 연습(예: 도식화, 사례 기반 서술)
- 다른 분야의 사고방식 탐색: 예술, 기술, 심리학 등 다양한 분야의 개념을 접목하는 연습

이 중 책의 머리말 읽기를 강력하게 추천합니다. '서문'이나 '프롤로그'라고 불리는 머리말은 작가의 핵심 메시지와 독창적인 창의성이 압축돼 있는 글입니다. 읽는 이의 관심을 이끌어내기 위해 번득이는 아이디어가 녹아 있는 경우가 많고 다양한 내용을 언급하고 있어서 사고의 폭을 넓히는 데 크게 도움이 됩니다. 아무 책이든 하루에 책 한 권의 머리말을 읽어보세요. 책을 사지 않아도 온라인상에서 쉽게 읽을 수 있습니다.

N 유형은 새로운 개념을 연결하고 확장하는 창의적 능력이 뛰어나므로, 여러 아이디어를 조합하면 창의력을 더욱 강화할 수 있습니다. S 유형은 실제 사례와 경험을 바탕으로 부족한 창의적 사고와 아이디어를 보완할 수 있지요.

현실성 키우기: 메모 생활화

보고서는 이론만으로 완성되지 않습니다. 실제로 실행 가능한 내용을 담아내야 비로소 의미가 있습니다. 현장 감각과 실행력이 떨어지는 문서는 아무리 논리적이고 창의적이어도 실무에 적용하기 힘듭니다.

이를 보완하려면 메모의 생활화가 필수입니다. 메모를 통해 데이터를 정리하고 실천하는 습관을 가지면 보고서 정보관리에서의 순발력을 키울 수 있고, 현실적인 보고서를 작성하는 데도 도움이 됩니다.

- 업무 관련 주요 정보 기록: 미팅 내용, 아이디어, 피드백 등을 빠르게 메모
- 데이터 기반의 보고서 자료 기록: 수집한 자료를 활용해 간단한 보고서를 작성하는 연습
- 피드백 반영 습관: 상사나 동료의 피드백을 메모하고 개선점을 기록하는 습관
- 메모를 활용한 보고서 초안 작성: 정리한 메모를 바탕으로 간략한 초안을 작성해보고 점진적으로 발전시키는 과정 익히기
- 일정한 패턴의 메모 습관 유지: 키워드 중심의 메모, 시각적 메모, 카테고리별 정리 등 자신에게 맞는 메모 스타일 구축

S 유형은 구체적인 사실과 세부 사항을 기록하는 데 강점을 가지므로, 중요한 데이터를 빠르게 찾아 적용하는 연습을 하면 장점을 극대화할 수 있습니다. N 유형은 메모한 내용을 개념화하고, 큰 흐름을 잡아 실무에 적용하는 방법을 익히면 보고서를 작성하는 게 더욱 수월해집니다.

메모는 단순한 기록이 아니라 사고와 피드백을 정리하고, 개선점을 반

영해 현실적인 해결책을 도출하는 도구입니다. 종이에 직접 적는 아날로그 방식이 아니더라도 디지털 기기를 이용해 기록할 수도 있고, AI를 활용해 관리 및 저장을 할 수 있습니다. 어떤 형태든 의미 있는 흔적을 남기는 것이 중요합니다.

또한 메모를 할 때는 나열식 메모보다 항목을 만들어 구조화된 메모를 해야 합니다. 예를 들어, '11월 0주차 해야 할 일'을 메모한다면 해야 할 일 목록을 줄줄이 나열하는 것보다는 자기계발, 관계 개선, 사회봉사 등 카테고리별 소항목을 정한 뒤 그 아래 내용을 적어 구조화하는 것이지요. 이렇게 하면 구조화된 메모를 통해 보다 정돈된 문장을 작성할 수 있습니다. 이런 습관은 보고서의 내용을 구조화하는 데도 도움이 됩니다.

※ MBTI 유형별 건전한 보고서 작성 관련 루틴

MBTI 유형 (보고서 작성 유형)	추천 루틴(습관 행동)	비고
ISTJ (차분하고 꼼꼼한 보고서 작성자)	• 매일 3줄 일기를 써서 짧은 논리적 문장 연습 • 깔끔한 보고서 탬플릿이나 문서 양식 수집 • 오늘의 실수와 개선점 메모	체크리스트
ISFJ (배려와 신뢰의 보고서 작성자)	• 매일 한 번 타인을 칭찬하기 • 좋은 문서 찾아 정리하기 • 보고서 개선 코멘트 달기 • 글을 읽은 후 이해하기 쉽게 재해석 및 피드백하기	이중 확인
ESTJ (체계적이고 명확한 보고서 작성자)	• 하루 5분씩 '3분 스피치'로 논리적 말하기 연습 • 보고서를 작성하기 전 핵심 3가지 정리 • 서술식 문장을 보고서 형태의 문장으로 요약하는 습관	시간 분배

MBTI 유형	실천 방법	키워드
ESFJ (친화적이고 조화로운 보고서 작성자)	• 하루 한 번 핵심 메시지 기록 • 글을 소리내 읽어보고 피드백하기 • 다양한 반응 체크 및 기록하기	협업 루틴
ISTP (간결하고 실용적인 보고서 작성자)	• 매일 5분씩 데이터의 시각화 연습 • 긴 문장을 하나의 문장으로 요약 • AI나 애플리케이션을 활용한 보고서 작성	요약정리
ISFP (감각적이고 감성적인 보고서 작성자)	• 매일 한 장 디자인 슬라이드 작성 • 오늘의 감성적인 문장 기록 • 감성적인 문장을 팩트 문장으로 전환하기	감각 정돈
ESTP (즉각적이고 실용적인 보고서 작성자)	• 보고서의 개요를 5분 안에 설명해보기 • 뉴스 헤드라인을 3줄의 핵심 내용으로 요약 • 글을 작성한 뒤 즉각 피드백 받기	즉시 실행
ESFP (직관적이고 유연한 보고서 작성자)	• 보고서에 이미지나 그래픽 요소 추가해보기 • 핵심 메시지를 시각적으로 표현해보기 • 시각적 요소와 텍스트의 조화 점검	피드백
INTJ (논리적이고 구조적인 보고서 작성자)	• 하루 10분씩 신문 사설 2개 비판적으로 읽기 • 수필이나 에세이를 읽으며 감성 보완 • 마인드 매핑 등으로 구조와 흐름 점검하기	프레임
INTP (개념적이고 분석적인 보고서 작성자)	• 이론보다 구체적인 예시 활용 • 완벽을 추구하려는 민감함에서 벗어나야 함 • 다양한 의견을 객관적으로 정리정돈	탐색
ENTJ (목표 지향적이고 전략적인 보고서 작성자)	• 격언이나 명언 등 핵심 메시지 작성해보기 • 스토리텔링 개념의 이야기 글 읽어보기 • 내용을 바꾸어보는 질문 붙여보기	역추적
ENTP (열정적이고 변화무쌍한 보고서 작성자)	• 해당 주제를 가지고 10분간 상대방과 토의 • 떠오르는 아이디어 즉시 메모 • 중간 점검과 피드백 자주 받기	아이디어
INFJ (깊이 있고 분석적인 보고서 작성자)	• 영감을 주는 문장이나 인사이트 기록 • 논리적인 글을 스토리텔링으로 전환 • 하루 한 줄의 명언 찾기와 기록	통찰

INFP (창의적이고 이상을 꿈꾸는 보고서 작성자)	• 매일 자신의 생각을 3줄로 요약 • 주제에 관한 키워드 3개 선정 • 떠오르는 아이디어 즉시 메모	메모
ENFP (창의적이고 자유로운 보고서 작성자)	• 글을 쓰기 전에 대화하듯 음성 메모 기록 • 논리성을 보강하기 위한 사설 읽기 • 광고 카피나 영화 대사에서 좋은 문장 찾기	스케치
ENFJ (감성적이고 설득력 있는 보고서 작성자)	• 누군가에게 동기 부여할 수 있는 문장 작성해보기 • 사설 등 논리적인 글 자주 읽기 • 인터넷상의 다양한 댓글 등 정리해보기	공감

MBTI 유형별 보고서 작성법

초판 1쇄 인쇄 2025년 10월 28일
초판 1쇄 발행 2025년 11월 12일

지은이 도영태
펴낸이 이범상
펴낸곳 (주)비전비엔피 · 비전코리아

책임편집 차재호
기획편집 김승희 김혜경 한윤지 박성아
디자인 김혜림 이민선 인주영
마케팅 이성호 이병준 문세희 이유빈
전자책 김희정 안상희 김낙기
관리 이다정
인쇄 새한문화사

주소 우) 04034 서울특별시 마포구 잔다리로 7길 12 (서교동)
전화 02) 338-2411 | **팩스** 02) 338-2413
홈페이지 www.visionbp.co.kr
인스타그램 www.instagram.com/visionbnp
이메일 visioncorea@naver.com
원고투고 editor@visionbp.co.kr

등록번호 제313-2005-224호
ISBN 978-89-6322-232-5   13320

- 값은 뒤표지에 있습니다.
- 파본이나 잘못된 책은 구입처에서 교환해 드립니다.